GW00726020

AL DETAILS

N ....

Apellido ....

Señas...

Ciudad..

Código postal..

Teléfono..

Colegio ....

Clase ....

Profesor(a) de español ....

FOTO

HORARIO

	lunes	martes	miércoles	jueves	viernes	sábado
1						
2						
3						
4						
5						
6						

DEBERES

	lunes	martes	miércoles	jueves	viernes	sábado
1						
2						
3						

CONTENTS

Please note the following points:

- Verbs known as "radical-changing" verbs, where the vowel in the stem can change, are given with the spelling change in brackets after the infinitive.

  cg **encontrar(ue)**

- *irreg* These verbs are irregular and must be learned. (see verb table pages 62-64)

- *impers* These verbs are impersonal verbs

- Verbs ending in **se** are reflexive. See page 61

- If an adjective has a feminine form, then the feminine form is shown after the masculine form.

  eg alto/a

- If an **a** can be added to a word to make it feminine it is shown like this

  eg encantador(a), un(a) español(a)

- Some common words appear in more than one list if they can be used in more than one situation.

IN THE CLASSROOM

Generalidades   General

el alumno, la alumna	pupil
el boletín	school report
el bolí(grafo)	ballpoint pen
la calculadora	calculator
la clase	lesson
el cuaderno	exercise book
el cuadro	picture
los deberes	homework
el ejemplo	example
el error	mistake
el/la estudiante	student
la frase	phrase, sentence
la goma	rubber
el horario	timetable
el lápiz	pencil
el libro	book
el libro de texto	text book
la mesa	table
la nota	mark
el ordenador	computer
el papel	paper
la pared	wall
la pizarra	blackboard
la pluma	fountain pen
el problema	problem
el profe(sor)	teacher
la profe(sora)	teacher
la prueba	test
la puerta	door
la regla	ruler, rule
la respuesta	answer
el rotulador	(felt) marker pen
la silla	chair
el suelo	floor
el techo	ceiling
el uniforme	uniform
la ventana	window

El profe(sor)/La profe(sora) dice: The teacher says:

Pasad a la sala de clase   *Come/go into the classroom*

Cierra la puerta/la ventana, por favor   *Close the door/window, please*

Sentaos   *Sit down*

¡Calma!   *Quieten down!*

¡Silencio!   *Silence!*

Voy a pasar lista   *I'm going to call the register*

Sacad los cuadernos/las carpetas   *Get out your exercise books/folders*

Coged el libro de español   *Pick up your Spanish textbook*

Abrid por la página 32   *Turn to page 32*

Leed el texto   *Read the text*

Buscad … en el diccionario/en el vocabulario   *Look up … in the dictionary/vocabulary*

¡Escuchad (la cinta)!   *Listen (to the tape)!*

Repetid   *Repeat*

Otra vez, todo el mundo   *Once more, all of you*

Contestad las preguntas   *Answer the questions*

¿Desde cuándo aprendes el español?   *How long have you been learning Spanish?*

El profe(sor)/La profe(sora) dice: (continuación)   The teacher says: (cont)

Mirad la pizarra *Look at the board*

Escribid la fecha. Es el ocho de setiembre *Write the date. It's September 8th*

¿A cuántos estamos hoy? *What's the date today?*

Escribid el título *Write the title*

Subrayad con una regla *Use a ruler to underline*

Numerad de uno a cinco *Number from one to five*

Completad el ejercicio número 2 *Finish exercise 2*

Completad las frases *Finish the sentences*

Corregid el trabajo con un bolí(grafo) verde *Correct your work with a green pen*

Deletread la palabra "cuaderno" *Spell the word "cuaderno"*

Marcad la casilla *Tick the box*

¿Verdad o mentira? *True or false?*

Escoged la respuesta correcta *Choose the right answer*

¡Correcto! *Right!*

Cerrad los cuadernos *Shut your exercise books*

Pasad los cuadernos a Chris, por favor *Pass the exercise books to Chris, please.*

Coged los cuadernos *Pick up the exercise books*

Traedme los cuadernos a la sala de profesores, por favor *Bring the exercise books to me at the staffroom, please*

Escoged una carta, por favor *Choose a card, please*

Escoged a una persona *Choose someone*

Trabajad en grupos de dos personas *Work in pairs*

Trabajad con una pareja *Work with a partner*

Preparad un diálogo *Work out a dialogue/role play*

Copiad los deberes en el cuaderno *Write down the homework in your exercise books*

Es para el martes *It's for Tuesday*

Aprended la lista de vocabulario *Learn the list of words*

Lo haréis para mañana *You will do it for tomorrow*

Es para una prueba el jueves que viene *There will be a test on it next Thursday*

¿Entendéis? *Do you understand?*

¡Callaos! *Stop talking!*   ¡Daos prisa! *Hurry up!*

¡Guardad las cosas! *Put your things away!*

¡Levantaos! *Stand up!*

Poned las sillas debajo de las mesas *Put the chairs under the tables*

Poned las sillas sobre las mesas *Put the chairs on the tables*

¿Dónde están tus deberes? *Where is your homework?*

Ven a verme mañana a las nueve *Come and see me tomorrow morning at 9.00*

El profe(sor)/La profe(sora) corrige los cuadernos: The teacher's comments:

Tienes diecisiete sobre veinte   *You have 17 out of 20*

Tienes solamente cinco sobre veinte   *You have only 5 out of 20*

Bastante bien   *Quite good*

Bien   *Good*

Buen esfuerzo   *Good effort*

Muy bien   *Very good*

Sobresaliente   *Excellent*

Los alumnos dicen: The pupils say:

Estudio el español desde hace un año/dos años   *I've been learning Spanish for one year/two years*

Entiendo   *I understand*

No entiendo   *I don't understand*

No sé   *I don't know*

Saqué buena/mala nota   *I got a good/bad mark*

¿Hablas español/inglés?   *Do you speak Spanish/English?*

He olvidado mi cuaderno/mis deberes/mi estuche   *I've forgotten my exercise book /homework/pencil case*

Quisiera un cuaderno nuevo, por favor   *I would like a new exercise book, please*

Por favor, señora/señor   *Please Miss/Sir*

¿En qué página estamos?   *What page are we on?*

¿Cómo se dice "homework" en español?   *How do you say "homework" in Spanish?*

¿Cómo se escribe "el perro"?   *How do you spell "el perro"?*

¿Qué significa "el perro" en inglés?   *What does "el perro" mean in English?*

¿Cómo se pronuncia eso?   *How do you pronounce that?*

¿En qué cuaderno lo hacemos?   *Which exercise book shall we do it in?*

¿Puedo abrir la ventana?   *May I open the window?*

¿Puedo salir?   *May I leave the room?*

¿Puedo sacar punta a mi lápiz?   *May I sharpen my pencil?*

Estoy en primero/segundo/tercero de ESO   *I am in Year 7/8/9*

AT SCHOOL

Generalidades — General

el colegio .... school
el colegio (up to 14) .... secondary school
la escuela primaria .... primary school
la guardería .... nursery school
el instituto (14+) .... secondary school
el recreo .... break
el trimestre .... term
las vacaciones de mitad de trimestre
.... half term holiday
las vacaciones de verano .. summer holidays
la vuelta .... start of the year

Las asignaturas — School subjects

el alemán .... German
el arte drámatico .... drama
la biología .... biology
la cerámica .... pottery
las ciencias .... science
los deportes .... sport
el dibujo .... drawing
el diseño gráfico .... graphics
la economía doméstica ..... home economics
la educación física .... PE
el español .... Spanish
la física .... physics
el francés .... French
la geografía .... geography
la gimnasia .... gymnastics
la historia .... history
la informática .... ICT
el inglés .... English
las matemáticas .... maths
la música .... music
la química .... chemistry
la religión .... RE
la tecnología .... technology

Los edificios — The buildings

el aula .... classroom
la biblioteca .... library
el centro de documentación .... resource centre
el comedor .... canteen
la enfermería .... sickroom
el laboratorio .... laboratory
el patio .... playground
la sala de profesores .... staffroom
el taller .... workshop
los vestuarios .... changing rooms

¿Cómo es el colegio? — What's it like?

de hormigón .... of concrete
de ladrillo .... of brick
mixto .... mixed
moderno .... modern

Verbos útiles — Useful verbs

aprender .... to learn
asistir a .... to be present
calcular .... to calculate
contar(ue) .... to count; to tell
contestar .... to reply
copiar .... to copy
dibujar .... to draw
durar .... to last
escoger .... to choose
escuchar .... to listen (to)
estudiar .... to study
explicar .... to explain
hacer los deberes *irreg* ..... to do one's homework
hacer un experimento *irreg* .... to do an experiment
hacer una pregunta *irreg* ... to ask a question
jugar(ue) .... to play
olvidar .... to forget
preferir(ie) .... to prefer
preguntar .... to ask
repetir(i) .... to repeat

El colegio y las vacaciones   School and holidays

¿A qué hora te levantas? *What time do you get up?*
Me levanto a las siete *I get up at 7.00*

¿A qué hora sales de casa? *What time do you leave home?*
Salgo de casa a las ocho y media *I leave home at 8.30*

¿A qué hora llegas al colegio? *What time do you arrive at school?*
Llego al colegio a las nueve menos cuarto *I arrive at school at 8.45*

¿Cómo vas al colegio? *How do you get to school?*
Vengo en autobús/en coche *I come by bus/car*
Vengo en bici(cleta) *I cycle*
Vengo a pie *I come on foot/I walk*

¿A qué hora empiezan las clases? *When do lessons start?*
Las clases empiezan a las nueve *Lessons start at 9.00*

¿Cuánto tiempo duran las clases? *How long are the lessons?*
Duran cuarenta minutos/una hora y cinco minutos *Lessons last 40 minutes/1 hour and 5 minutes*

¿Qué haces durante el recreo? *What do you do during break?*
Charlo con mis amigos durante el recreo *I talk to my friends during break*

¿A qué hora es el almuerzo? *When is your lunchtime?*
El almuerzo es a las doce y media *Lunchtime is at 12.30*

¿Comes en el comedor del colegio a mediodía? *Do you eat in the canteen at midday?*
Sí, como en el comedor del colegio a mediodía *Yes, I eat in the canteen at midday*

¿Qué comes a mediodía? *What do you eat at lunchtime?*
Como bocadillos a mediodía *I eat sandwiches at lunchtime*

¿A qué hora termina el colegio? *When does school end?*
El colegio termina a las cuatro menos veinte *School ends at 3.40*

¿Cómo vuelves a casa? *How do you get home?*
Vuelvo a pie *I walk home*

El colegio y las vacaciones (continuación) School and holidays (cont)

¿A qué hora llegas a casa? *What time do you get home?*
Llego a casa a las cuatro y diez *I get home at 4.10*

¿Cuántos alumnos hay en tu clase? *How many pupils are there in your class?*
Hay veintisiete alumnos en mi clase *There are 27 pupils in my class*

¿Qué asignaturas estudias? *Which subjects do you do?*
Estudio inglés, matemáticas, español, francés, ciencias, historia, geografía y tecnología
   I do English, maths, Spanish, French, science, history, geography and technology

¿Cuántas clases de matemáticas tienes por semana? *How many maths lessons do you have a week?*
Tengo tres/cuatro clases de matemáticas por semana *I have 3/4 maths lessons a week*

¿Cuál es tu asignatura preferida? *Which is your favourite subject?*
Mi asignatura preferida es el español *My favourite subject is Spanish*

¿Qué asignatura no te gusta? *Which subject do you not like?*
No me gusta la historia *I don't like history*

¿Tienes muchos deberes? *Do you get a lot of homework?*
Tengo una hora de deberes cada día *I get an hour's homework each day*

¿Juegas en un equipo en el colegio? *Do you play in a school team?*
Juego en el equipo de hockey/rugby *I play in the hockey/rugby team*

¿Eres miembro de la orquesta/del coro en el colegio? *Are you in the orchestra/choir at school?*
Canto en el coro/Toco en la orquesta *I sing in the choir/I play in the orchestra*

¿Eres miembro/miembra de algún club? *Are you a member of a club?*
Soy miembro/miembra del club de ajedrez *I'm a member of the chess club*

¿Cuántas semanas de vacaciones tienes? *How many weeks' holiday do you get?*
Para Navidad, tenemos diez días *We have ten days at Christmas*
Para Semana Santa, tenemos dos semanas *We have two weeks at Easter*
Las vacaciones de verano duran seis semanas *The summer holidays last six weeks*

FAMILY LIFE

Generalidades — General

la casa	house
la casa separada	detached house
la granja	farm
el piso	flat
la torre de pisos	block of flats
la vivienda de protección oficial	housing association flat
el aseo	toilet
la cocina	kitchen
el comedor	dining room
el dormitorio	bedroom
el garaje	garage
el recibidor	hall
el salón	living room
el sótano	cellar
la terraza	terrace
el ascensor	lift
el balcón	balcony
la chimenea	fireplace
la entrada	entrance
la escalera	staircase
la llave	key
el pasillo	corridor
el piso	floor, storey
la planta baja	ground floor
la puerta	door, gate
el rellano	landing
el tejado	roof
la calefacción central	central heating
la electricidad	electricity
el gas	gas
la persiana	shutter
el radiador	radiator

El cuarto de baño — Bathroom

el agua (fría/caliente)	(cold/hot) water
el baño	bath
el bidé	bidet
el cepillo de dientes	toothbrush
el champú	shampoo
la ducha	shower
el espejo	mirror
la esponja	sponge
el grifo	tap
el jabón	soap
el lavabo	washbasin
la maquinilla de afeitar	razor
el paño	flannel
la pasta de dientes	toothpaste
la toalla	towel

El dormitorio — Bedroom

la alfombra	carpet
la alfombrilla	rug
la almohada	pillow
el armario	wardrobe
la cama	bed
la cortina	curtain
el despertador	alarm clock
el edredón	duvet
el estante	shelf
la funda de edredón	duvet cover
la lámpara	lamp
la manta	blanket
el ordenador	computer
la sábana	sheet
la silla	chair

El cuarto de estar — Living room

el casete .... tape recorder
el cojín .... cushion
el disco compacto .... CD
el equipo de compact disc — CD player
el equipo de música .... hi-fi
la foto .... photo
la librería .... bookcase
la mesita .... coffee table
el piano .... piano
el sillón .... armchair
el sofá .... sofa
la televisión .... television
el vídeo .... video

El comedor — Dining room

el aparador .... sideboard
el cuadro .... picture
la cuchara .... spoon
el cuchillo .... knife
el mantel .... tablecloth
la mesa .... table
el plato .... plate
el plato hondo .... bowl
el reloj .... clock
la silla .... chair
la taza .... cup
el tazón .... bowl
el tenedor .... fork
la vajilla .... crockery
el vaso .... glass

La cocina — Kitchen

el armario .... cupboard
la aspiradora .... vacuum cleaner
el cazo/la cazuela .... saucepan
la cocina de gas .... gas cooker
la cocina eléctrica .... electric cooker
el congelador .... freezer

el cubo de basura .... rubbish bin
el (horno de) microondas .. microwave oven
la lavadora .... washing machine
el lavaplatos .... dishwasher
la nevera .... fridge
la sartén .... frying pan

El jardín — Garden

el abeto .... fir tree
el árbol (de fruta) .... (fruit) tree
el arbusto .... shrub
el césped .... lawn
la flor .... flower
la hierba .... grass
la legumbre .... vegetable
el manzano .... apple tree

Verbos útiles — Useful verbs

cortar la hierba .... to mow the lawn
limpiar .... to clean
arreglar .... to tidy
compartir .... to share
decorar .... to decorate
encender(ie) .... to light, switch on
enchufar .... to plug in
fregar(ie) .... to do the washing up
hacer bricolaje *irreg* .... to do odd jobs, DIY
hacer chapuzas *irreg* .... to do odd jobs, DIY
lavar la ropa .... to do the washing
lavar los platos .... to do the washing up
llamar (a la puerta) .... to knock on the door
mudarse (de casa) .... to move house
pasar la aspiradora .... to vacuum
poner la mesa *irreg* .... to set the table
regar(ie) .... to water
reparar .... to repair
tocar (el timbre) .... to ring (the doorbell)
vivir .... to live

La casa   The house

¿Vives en una casa o en un piso? *Do you live in a house or a flat?*

Vivo en un piso, en el segundo *I live in a second floor flat*

El piso está en el centro de la ciudad *The flat is in the town centre*

Vivo en una casa en las afueras de la ciudad *I live in a house in the suburbs*

¿Vives cerca del colegio? *Do you live near school?*

Vivo a dos kilómetros del colegio *I live two kilometres from school*

¿Es vieja o moderna tu casa? *Is your house old or modern?*

Mi casa es (bastante) vieja/moderna *My house is (quite) old/modern*

Mi casa es de ladrillo *My house is brick built*

¿Tienes tu propio dormitorio? *Have you your own bedroom?*

Sí, tengo mi propio dormitorio *Yes, I have my own room*

No, lo comparto con mi hermano/hermana *No, I share with my brother/sister*

¿Cómo es tu dormitorio? *What is your room like?*

Mi dormitorio es (bastante) grande/pequeño *My room is (quite) big/small*

¿Qué muebles hay en tu dormitorio? *What furniture do you have in your bedroom?*

Tengo una cama, un armario, un ordenador, una televisión y una silla *I have a bed, a wardrobe, a computer, a television and a chair*

Las paredes son grises y las cortinas son azules *The walls are grey and the curtains are blue*

La alfombra es azul también *The carpet is blue as well*

¿Tienes jardín? *Do you have a garden?*

Sí, tengo un jardín grande/pequeño *Yes, I have a big/small garden*

¿Dónde está el jardín? *Where is the garden?*

El jardín está detrás de la casa *The garden is behind the house*

¿Qué hay en tu jardín? *What is there in your garden?*

Hay árboles y flores en mi jardín *There are trees and flowers in my garden*

Hay hortalizas y césped *There are some vegetables and a lawn*

La casa (continuación)   The house (cont)

¿Dónde está el cuarto de baño? *Where is the bathroom?*

El cuarto de baño está arriba (en el primer piso) *The bathroom is upstairs (on the first floor)*

Aquí está el cuarto de baño *Here is the bathroom*

¿Puedo bañarme? *May I have a bath?*

¿Puedo ducharme? *May I have a shower?*

¿Necesitas algo? *Do you need anything?*

Necesito una toalla *I need a towel*

Quisiera jabón y pasta de dientes *I'd like some soap and toothpaste*

¿A qué hora tomas el desayuno? *What time do you have breakfast?*

Tomo el desayuno a las ocho *I have breakfast at eight o'clock*

¿A qué hora tomas el almuerzo/la comida? *What time do you have lunch?*

Tomo el almuerzo/la comida a las doce y media *I have lunch at 12.30*

¿A qué hora tomas la cena? *What time do you have your evening meal?*

Tomo la cena a las seis *I have my evening meal at six o'clock*

Trabajo en el jardín *I work in the garden*

Arreglo mi dormitorio *I tidy my room*

Pongo la mesa *I set the table*

Quito la mesa *I clear the table*

Hago la cama *I make my bed*

Friego los platos *I do the washing up*

Preparo el almuerzo *I get lunch ready*

El plano de mi dormitorio   A plan of my room

THE MEDIA

Generalidades — General

el cine ....cinema
el periódico.......................newspaper
la radio.............................radio
el teatro............................theatre
la televisión ....TV

la antena parabólica..........satellite dish
la cadena estereofónica .....stereo system
el canal ....channel
la cinta de vídeo ....video cassette
el compacto ....CD
el disco DVD....................DVD
el equipo de compact disc .CD player
el lector DVD ....DVD player
el mando a distancia.........remote control
la televisión por cable ......cable TV
el vídeo............................VCR
el Walkman® ....walkman®

En el cine — At the cinema

la comedia ....comedy
los dibujos animados.........cartoon
la película de amor ....love film
la película de aventuras .....adventure film
la película de ciencia ficción
....................................science-fiction film
la película de espionaje .....spy film
la película de miedo ....horror film
la película de suspense ......thriller
la película policíaca..........detective film
el western ....western

En la televisión — On TV
En la radio — On the radio

la cómica ....comedian
el cómico ....comedian

los anuncios ....adverts
el concurso.......................quiz show
los deportes......................sports broadcast
el documental ....documentary
las noticias.......................news
la obra de teatro ....play
el pronóstico ....weather forecast
la revista ....variety show
el telediario......................news show
la telenovela, el culebrón.. serial, soap
la tertulia (de TV)............. talk show

La lectura — Reading

el periódico......................newspaper
la revista ....magazine
la revista de aventuras ...... adventure magazine
la revista de mujeres......... woman's magazine
la revista de noticias .... news magazine
la revista ilustrada............. illustrated magazine
la tira cómica ....comic strip

Verbos útiles — Useful verbs

escuchar............................to listen (to)
grabar...............................to record
gustar mucho *impers* .... to like a lot
interesarse (en/por)........... to be interested (in)
ir a ver *irreg*.................... to go and see
odiar.................................to hate

Los medios de comunicación   The media

¿Te gusta ir al cine? *Do you like going to the cinema?*

Sí, me gusta ir al cine de vez en cuando *Yes, I like going to the cinema sometimes*

Fui al cine el sábado *I went to the cinema on Saturday*

¿Qué tipo de película prefieres? *Which type of film do you prefer?*

Prefiero las películas de ciencia ficción *I prefer science fiction films*

¿Ves la televisión? *Do you watch TV?*

Sí, veo la televisión *Yes, I watch TV*

No, no veo la televisión muy a menudo *No, I don't watch TV very often*

¿Qué programas te gustan? *Which programmes do you like?*

¿Qué programas no te gustan? *Which programmes don't you like?*

Me gustan los dibujos animados *I like cartoons*

No me gustan las noticias *I don't like the news*

Vi un concurso ayer por la tarde *I watched a quiz yesterday evening*

Odio las telenovelas *I hate soaps*

¿Te gusta la lectura? *Do you like reading?*

Sí, me gusta mucho la lectura *Yes, I like reading*

¿Qué tipo de revista te gusta? *What type of magazine do you like?*

Me gustan las revistas de aventuras *I like adventure magazines*

¿Puedo escuchar la radio? *May I listen to the radio?*

¿Puedo ver la televisión? *May I watch TV?*

¿Puedo llamar? *May I use the phone?*

¿Qué tipo de película has visto? *What sort of film did you see?*

He visto una película de … *I saw a … film*

¿Qué música has escuchado recientemente? *What music have you listened to recently?*

He escuchado un disco compacto de … *I have listened to a CD by …*

HEALTH AND FITNESS

Las partes del cuerpo
Parts of the body

la boca ....mouth
el brazo ....arm
la cabeza ....head
el corazón ....heart
el dedo ....finger
el diente ....tooth
la espalda ....back
el estómago ....stomach
la garganta ....throat
la lengua ....tongue
la mano ....hand
la nariz ....nose
el ojo ....eye
la oreja ....ear
el pecho ....chest
el pie ....foot
la pierna ....leg
la rodilla ....knee
la sangre ....blood
el tobillo ....ankle
el vientre ....stomach, tummy

En el médico
At the doctor's
En el dentista
At the dentist's

la cita ....appointment
la consulta ....surgery
el/la dentista ....dentist
el dolor ....pain
el empaste ....filling
la enfermedad ....illness
la enfermera ....nurse

el enfermo ....patient
la enferma ....patient
la inyección ....injection
la medicina ....medicine
el/la médico ....doctor
el problema ....problem
la receta ....prescription
el remedio ....remedy

En la farmacia
At the chemist's

la aspirina ....aspirin
el algodón ....cotton wool
el comprimido ....tablet
el resfriado ....cold
la crema ....cream
la cucharadita...................spoonful
la diarrea ....diarrhoea
el farmacéutico ....chemist
la fiebre............................fever
la gripe.............................flu
la indigestión ....indigestion
la insolación.....................sunstroke
el jabón ....soap
el jarabe ....(liquid) medicine
el mareo ....sea sickness
la pasta de dientes.............toothpaste
la pastilla para la garganta throat sweet
la picadura ....sting, bite
la quemadura del sol.........sunburn
la temperatura ....temperature
la tirita ....(sticking) plaster
el tubo ....tube
el vendaje.........................dressing

La salud   Health

Me siento bien *I am well*
Me siento mal *I am ill*
Me siento mejor *I am better*

Tengo calor *I am hot*
Tengo frío *I am cold*
Tengo hambre *I am hungry*
Tengo sed *I am thirsty*
Tengo un resfriado *I have a cold*

Me duele el brazo *My arm hurts*
Me duele el estómago *I have stomach ache*
Me duele la garganta *I have a sore throat*
Me duele la cabeza *I have a headache*
Me duelen los dientes *I have toothache*
Me duelen los ojos *I have sore eyes*

Estoy constipado/a *I have a cold*
Estoy mareado/a *I feel sick*
Estoy cansado/a *I am tired*
Estoy enfermo/a *I am ill*

Me he quemado la mano *I have burned my hand*
Me he roto el brazo *I have broken my arm*
Me he cortado el dedo *I have cut my finger*
Me he torcido el tobillo *I have sprained my ankle*

¿Puedo pedir hora? *May I have an appointment?*
¿Puedo ir al dentista? *May I go to the dentist?*
¿Cuánto le debo? *How much do I owe you?*
¿Puede Vd. darme algo para el dolor? *Can you give me something for the pain?*
Soy alérgico/alérgica a ... *I'm allergic to …*

IN A CAFÉ

Las bebidas	***Drinks***
un café solo	*coffee (black)*
un café	*coffee*
un café con leche	*white coffee*
un chocolate	*chocolate*
un té	*tea*
un vino tinto	*red wine*
un vino blanco	*white wine*
una cerveza	*beer*
una sidra	*cider*
una coca (-cola)®	*Coca-Cola®*
una limonada	*lemonade*
un agua mineral	*mineral water*
un zumo de limón	*fresh lemon juice*
un zumo de fruta	*fruit juice*
* * * * * *	* * * * *
unas patatas fritas	*chips/crisps*
un crep	*pancake*
un bocadillo	*sandwich*
un helado	*ice cream*
un bocadillo de queso	*cheese sandwich*
un bocadillo de jamón	*ham sandwich*

En el café In the café

¿Quieres tomar algo? *Would you like a drink?*

Te invito yo *I'll buy you a drink*

¿Qué vas a tomar? *What will you have?*

¿Quieren pedir? *Would you like to order?*

Quisiera un zumo de limón, por favor *I'd like a fresh lemon juice, please*

¿Es todo? ¿Algo más? *Is that all? Anything else?*

¿Tiene Vd. patatas fritas? *Have you any chips/crisps?*

¿Venden bocadillos? *Do you sell sandwiches?*

Quisiera un bocadillo de jamón *I'd like a ham sandwich*

¿Cuánto es un bocadillo de queso? *How much is a cheese sandwich?*

¿Cuánto le debo? *How much do I owe you?*

¿Está incluido el servicio? *Is the service charge included?*

IN A RESTAURANT

Menú del día – 20€	Set menu €20
Pan, postre y vino incluidos	*Bread, dessert and wine included*

Entremeses variados	*Choice of starter*
Fiambres variados	*Mixed cold meats*
Ensalada mixta	*Mixed salad*
Sopa	*Soup*
Calamares (½ ración)	*Squid (half portion)*

Carne	*Meat*
Chuleta de cordero	*Lamb chop*
Bistec	*Beefsteak*
Filete de ternera	*Fillet steak*
Lomo de cerdo	*Pork steak*
Pollo asado	*Roast chicken*

Pescado	*Fish*
Atún	*Tuna*
Mariscos	*Shellfish*
Mejillones	*Mussels*
Bacalao	*Cod*
Sardinas	*Sardines*
Trucha	*Trout*
Merluza rebozada	*Hake in batter*

Legumbres y verduras	*Vegetables*
Alcachofas	*Artichokes*
Champiñones	*Mushrooms*
Guisantes	*Peas*
Coliflor	*Cauliflower*
Puerros	*Leeks*
Zanahorias	*Carrots*
Espinacas	*Spinach*
Garbanzos	*Chickpeas*
Lentejas	*Lentils*

Postre	*Dessert*
Helado	*Ice cream*
Flan	*Crème Caramel*
Fruta del tiempo	*Seasonal fruit*
Melocotones en almíbar	*Peaches in syrup*
Pasteles	*Cakes*
Queso de cabra	*Goat's cheese*
Yogur	*Yoghurt*

En el restaurante   In the restaurant

¿Tiene Vd. una mesa para cuatro personas, por favor? *Have you a table for four, please?*

Quisiera una mesa en la terraza, por favor *I'd like a table on the terrace, please*

Quisiera una mesa cerca de la ventana, por favor *I'd like a table near the window, please*

Quisiera ver el menú, por favor *I'd like to see the menu, please*

Quisiera pedir ahora, por favor *I'd like to order now, please*

¿Qué recomienda Vd.? *What do you recommend?*

Recomiendo el pescado *I recommend the fish*

El menú del día es ... *Today's set meal is ...*

Voy a tomar el menú de quince euros, por favor *I'll have the 15 euro menu, please*

Para empezar, voy a tomar ... *For a starter I'll have ...*

De segundo plato, voy a tomar pollo asado *For main course I'll have roast chicken*

¿Qué tipo de verduras tiene? *What vegetables do you have?*

Voy a tomar champiñones, por favor *I'll have mushrooms, please*

De postre voy a tomar un helado, por favor *I'll have ice cream for dessert, please*

¿Qué sabores tiene Vd.? *What flavours do you have?*

Quiero de fresa, chocolate, pistacho y vainilla, por favor *I would like strawberry, chocolate, pistachio, and vanilla, please*

Para beber, voy a tomar un agua mineral *I'll have mineral water to drink*

La cuenta, por favor *May I have the bill please?*

¿Está incluido el servicio? *Is service included?*

Me gusta el pescado *I like fish*

No me gustan las zanahorias *I don't like carrots*

¿Qué es "lomo de cerdo", por favor? *What sort of dish is "lomo de cerdo", please?*

Un poco más, por favor *I'd like a little more, please*

Basta, gracias *That is enough, thank you*

Nos hace falta un cuchillo *We need another knife*

¿Necesita un tenedor? *Do you need a fork?*

Queremos azúcar, por favor *We would like some sugar, please*

¿Puede cambiarme este vaso? *Will you change this glass, please?*

¿Se puede telefonear desde aquí? *May I telephone from here?*

¿Dónde están los servicios, por favor? *Where are the toilets, please?*

MY FAMILY, MY FRIENDS AND MYSELF

La familia   Family

la abuela .... grandmother
el abuelo .... grandfather
los abuelos .... grandparents
la hermana .... sister
el hermano .... brother
la madre .... mother
la mamá .... mummy
el padre .... father
los padres .... parents
el papá .... daddy
el primo, la prima .... cousin
la tía .... aunt
el tío .... uncle

el hijo .... son
la madrastra .... stepmother
la mujer .... woman, wife
el marido .... husband
la nieta .... granddaughter
el nieto .... grandson
el novio .... fiancé
la novia .... fiancée
el padrastro .... stepfather

Generalidades   General

el/la adolescente .... adolescent
el adulto, la adulta .... adult
el amigo, la amiga .... friend
el amigo de intercambio ... exchange partner
la amiga de intercambio ... exchange partner
el/la bebé .... baby
el compañero, la compañera... friend
el hombre .... man
el chico .... boy
la chica .... girl
el/la nene .... baby
el niño, la niña .... child
el novio .... boyfriend
la novia .... girlfriend

casado/a .... married
divorciado/a .... divorced
mayor .... elder
menor .... younger
prometido/a .... engaged
separado/a .... separated

Los animales   Pets

el animal .... animal
el cobayo .... guinea pig
el conejo .... rabbit
el gato .... cat
el hámster .... hamster
el pájaro .... bird
el periquito .... budgerigar
el perro .... dog
el pez de colores .... goldfish
el ratón .... mouse

Las ocupaciones   Jobs

el constructor .... builder
el dependiente .... sales assistant
la dependienta .... sales assistant
el/la electricista .... electrician
el empleado de Correos .... Post Office worker
la empleada de Correos .... Post Office worker
el empleado de oficina ...... office worker
la empleada de oficina ...... office worker
el enfermero, la enfermera nurse
el ingeniero, la ingeniera .. engineer
el maestro, la maestra .... primary teacher
el mecánico, la mecánica.. mechanic
la mujer policía .... policewoman
el peluquero, la peluquera hairdresser
el policía .... policeman
el profe(sor) .... secondary teacher
la profe(sora) .... secondary teacher
el secretario, la secretaria . secretary

Mi familia y yo   My family and I

¿Cómo te llamas? *What is your name?*

Me llamo Rebecca/Paul *My name is Rebecca/Paul*

¿Cuántas personas hay en tu familia? *How many people are there in your family?*

Hay cinco personas: mi padre, mi madre, mi hermano, mi hermana y yo *There are five: my father, my mother, my brother, my sister and me*

¿Tienes hermanos o hermanas? *Have you any brothers or sisters?*

Sí, tengo un hermano/una hermana *Yes, I have one brother/sister*

No, soy hijo único/soy hija única *No, I am an only child*

¿Cómo se llama? *What is he/she called?*

Se llama Chris *He/She is called Chris*

¿Cuántos años tiene? *How old is he/she?*

Tiene quince años *He/She is fifteen*

¿Qué hace tu padre/madre en la vida? *What does your father/mother do?*

Es profesor. Trabaja en un instituto *He is a teacher. He works in a secondary school*

Es enfermera. Trabaja en un hospital *She is a nurse. She works in a hospital*

¿Te gustan los animales? *Do you like animals?*

Sí. Tengo un gato/un perro/un conejo *Yes. I have a cat/a dog/a rabbit*

¿Prefieres los perros o los gatos? *Do you prefer dogs or cats?*

Prefiero los perros/los gatos *I prefer dogs/cats*

La identidad — Identity

el carnet de identidad .... identity card
la documentación .... proof of identity
la firma .... signature
el apellido .... surname
el nombre......................... first name
el pasaporte...................... passport
señor .... Mr
señora .... Madame
señorita .... Miss
Sr/Sra/Srta .... Mr/Mrs/Miss

Las señas — Address

la aldea .... village
la calle .... road, street
el callejón sin salida .... cul-de-sac
el camino .... lane
la carretera .... road
en casa de .... at the home of
el código postal .... postcode
el condado .... county
la dirección .... address
el número......................... number
el número de fax.............. fax number

el número de teléfono....... telephone number
el país .... country
la plaza .... square
el pueblo .... small town

Edad y cumpleaños — Age and birthday

el año .... year
el cumpleaños................... birthday
la edad .... age
la fecha .... date
la fecha de nacimiento...... date of birth
el lugar de nacimiento ...... place of birth
el mes .... month
nacido/a .... born

Verbos útiles — Useful verbs

deletrear........................... to spell
escribir *irreg*................... to write
firmar............................... to sign
llamarse .... to be called
tener 11 años *irreg* .... to be 11 years old
vivir (en).......................... to live (at, in)

Los cumpleaños de mi familia — My family's birthdays

Yo mismo/Yo misma   Myself

¿Cuántos años tienes? *How old are you?*
Tengo once años *I'm 11*

¿Cuándo es tu cumpleaños? *When is your birthday?*
Mi cumpleaños es el veintiuno de junio *My birthday is 21 June*

¿En qué año naciste? *In which year were you born?*
Nací en mil novecientos noventa y tres *I was born in 1993*

¿De dónde eres? *Where do you come from?*
Soy de Malvern, en Inglaterra *I come from Malvern, in England*

¿Dónde naciste? *Where were you born?*
Nací en Tadcaster *I was born in Tadcaster*

¿De qué nacionalidad eres? *What nationality are you?*
Soy británico/a *I am British*
Soy escocés/escocesa *I am Scottish*
Soy galés/galesa *I am Welsh*
Soy inglés/inglesa *I am English*
Soy irlandés/irlandesa *I am Irish*

¿Dónde vives? *Where do you live?*
Vivo en Malvern *I live in Malvern*

¿Cuál es tu dirección? *What is your address?*
Mi dirección es 12 Any Street, Sometown *My address is 12 Any Street, Sometown*

¿Cuál es tu número de teléfono? *What is your telephone number?*
Es 016 84 57 74 33 *It's 016 84 57 74 33*

El aspecto — Appearance

la barba	beard
el bigote	moustache
la cara	face
el diente	tooth
las gafas	glasses
la nariz	nose
el ojo	eye
la oreja	ear
el pelo, el cabello	hair
alto/a	big, tall
bajo/a	short
bronceado/a	tanned
corto/a	short
fuerte	strong
gordo/a	big, fat
grande	big, tall
guapo/a	handsome, beautiful
rizado/a	curly
robusto/a	stocky, sturdy
rubio/a	blonde
bonito/a	pretty
delgado/a	thin
feo/a	ugly
joven	young
largo/a	long
pálido/a	pale
pelirrojo/a	red (hair)
pequeño/a	small
liso/a	straight (hair)
viejo/a	old
llevar	to wear
parecer *irreg*	to seem

El carácter — Character

agradable	friendly
contento/a	pleased, happy
desagradable	unpleasant
divertido/a	amusing
encantador(a)	charming
enérgico/a	active
estúpido/a	stupid
furioso/a	angry
gracioso/a	funny
tranquilo/a	calm
amable	kind, nice
enfadado/a	angry
feliz	happy
fenomenal	great
hábil	clever, skilful
honrado/a	honest
importante	important
inquieto/a	anxious
insoportable	unbearable
inteligente	intelligent
loco/a	mad
atlético/a	sporty, athletic
bien educado/a	well behaved
cortés	polite
deportista	sporty, athletic
infeliz	unhappy
pobre	poor
serio/a	serious
tímido/a	shy
trabajador(a)	hard-working
travieso/a	naughty
triste	sad

La familia   Family

¿Cómo es tu hermano/hermana? *What does your brother/sister look like?*

Mi hermano es grande y gordo *My brother is tall and fat*

Tiene el pelo rubio y los ojos azules *He has blonde hair and blue eyes*

Mi hermana es pequeña y delgada *My sister is small and slim*

Tiene el pelo castaño y los ojos marrones *She has brown hair and brown eyes*

¿Cómo es tu padre? *What does your father look like?*

Es pequeño y delgado *He is small and slim*

Tiene el pelo corto y los ojos azules *He has short hair and blue eyes*

Tiene barba y bigote *He has a beard and a moustache*

¿Cómo es tu madre? *What does your mother look like?*

Es de estatura mediana *She is average-sized*

Tiene el pelo largo y los ojos grises *She has long hair and grey eyes*

Lleva gafas *She wears glasses*

¿Cómo es tu padre/madre? *What is your father/mother like?*

Es amable *He is kind*

Es simpática *She is nice*

¿Cómo es tu hermano/hermana? *What is your brother/sister like?*

Es horrible *He is horrible*

Es tonta *She is stupid*

Mi familia   My family

23

LEISURE

Generalidades — General

el club .... club
el club de jóvenes .... youth club
la diversión .... entertainment
los jóvenes .... youth, young people
el pasatiempo .... pastime
el fin de semana .... weekend
el tiempo libre .... free time
las vacaciones .... holidays

Los deportes — Sports

el atletismo .... athletics
el balón .... ball
el baloncesto .... basketball
el críquet .... cricket
los deportes de invierno .. winter sports
el equipo .... team
el estadio .... stadium
el fútbol .... football
la gimnasia .... gymnastics
el hockey .... hockey
el partido .... match
el ping-pong .... table tennis

la piscina .... swimming pool
el rugby .... rugby
el miembro, la miembra.... member

Verbos útiles — Useful verbs

bañarse .... to swim, bathe
montar a caballo .... to go horseriding
hacer ciclismo *irreg* .... to cycle
practicar un deporte .... to do a sport
esquiar .... to ski
ganar .... to win
nadar .... to swim
dar un paseo *irreg* .... to go for a walk
dar un paseo en bicicleta .. to go for a bike ride
hacer patinaje *irreg* .... to skate
hacer patinaje sobre ruedas *irreg*
.... to roller-skate
perder(ie) .... to lose
ir de pesca *irreg* .... to go fishing
jugar(ue) un partido de tenis
.... to play a game of tennis
hacer vela *irreg* .... to go sailing
hacer windsurf *irreg* .... to windsurf

Practico ...   I play ...

Los deportes   Sport

¿Qué haces cuando tienes tiempo libre? *What do you do when you have some free time?*
Juego al tenis/al fútbol *I play tennis/football*

¿Te gustan los deportes? *Do you like sport?*
Sí, me gustan mucho los deportes   Yes, I like sport a lot

¿Cuál es tu deporte preferido? *What is your favourite sport?*
Me gusta el tenis/el rugby   *I like tennis/rugby*

¿Eres miembro/miembra de algún club? *Are you a member of a club?*
Sí, soy miembro/miembra de un club de tenis   *Yes, I belong to a tennis club*

¿Cuándo juegas? *When do you play?*
Juego los sábados por la tarde   *I play on Saturday afternoons*

¿Te gusta jugar al críquet? *Do you like playing cricket?*
Sí, me gusta jugar al críquet   *Yes, I like playing cricket*
No, no me gusta jugar al críquet   *No, I don't like playing cricket*

Odio el rugby   *I hate rugby*
Me encanta el fútbol   *I love football*

¿Te gusta nadar? *Do you like swimmimg?*
Sí, nado en la piscina   *I swim at the swimming pool*

¿A qué hora se abre la piscina? *What time does the pool open?*
¿A qué hora se cierra la piscina? *What time does the pool close?*
¿La piscina está abierta los domingos? *Is the pool open on Sundays?*

¿Cuánto cuesta una entrada para la piscina? *How much does a ticket cost?*
Cuesta dos euros para un niño y cuatro euros para un adulto   *It costs €2 for a child and €4 for an adult*
Deme dos entradas de adulto y una de niño   *I'd like 2 adult tickets and 1 for a child*

La música — Music

el concierto	concert
un instrumento	instrument
la orquesta	orchestra
el Walkman®	walkman®

Escucho — I listen to

las canciones	songs
las cintas	cassettes
los discos compactos	CDs
los éxitos	hit records
los grupos	groups

Toco — I play

la batería	drums
el clarinete	clarinet
la flauta	flute
la flauta dulce	recorder
la guitarra	guitar
el piano	the piano
el violín	the violin
el violoncelo	the cello

Canto en — I sing in

el coro	the choir

La música Music

¿Tocas algún instrumento? *Do you play an instrument?*
Sí, toco el violín/el clarinete *Yes, I play the violin/the clarinet*

¿Te interesa la música? *Are you interested in music?*
Sí. Para mí la música es muy importante *Yes. Music is very important to me*

¿Qué tipo de música prefieres? *What sort of music do you like?*
Prefiero la música pop *I prefer pop music*

¿Tienes un grupo preferido? *Do you have a favourite group?*
No, no tengo un grupo preferido *No, I don't have a favourite group*
Sí. Mi grupo preferido es ... *Yes. My favourite group is …*
Es un grupo fenomenal *They are great*

¿Tienes un cantante preferido/una cantante preferida? *Do you have a favourite singer?*
No, no tengo un cantante preferido/una cantante preferida *No, I don't have a favourite singer*

Fuimos a un concierto *We went to a concert*
Había un buen ambiente *There was a good atmosphere*
Escuché a ..., mi grupo preferido *I heard …, my favourite group*

La informática   ICT

la base de datos ....database
el byte...............................byte
el CD ROM® ....CD ROM®
el chip..............................chip
el córreo electrónico.........email
el cursor...........................cursor
el defecto del programa.....bug
el disco duro ....hard disk
el disquete ....disk
la impresora.....................printer
el Internet ....internet
el juego de ordenador........computer game
el vídeo juego ....video game
el menú.............................menu
el monitor ....monitor
la música por ordenador....computer music
el ordenador.....................computer
la página web ....web page
la pantalla ....screen
el ratón.............................mouse
el teclado ....keyboard
el tratamiento de texto.......word processing
la unidad de disco.............disk drive

Verbos útiles   Useful verbs

cargar...............................to load
editar................................to edit
formatear ....to format
guardar ....to save
imprimir ....to print

Otros pasatiempos   Other hobbies

el ajedrez ....chess
el caballo ....horse
las cartas..........................cards
la cocina ....cooking

la colección......................collection
el crucigrama ....crosswords
el dibujo...........................drawing
la historia.........................story
el juego de mesa ....board game
una máquina fotográfica... camera
el móvil............................mobile phone
los naipes.........................cards
la novela (policíaca) ....(detective) novel
la película ....film (photography)
la pintura.........................painting

Verbos útiles   Useful verbs

bailar................................to dance
cantar ....to sing
coleccionar ....to collect
curiosear ....to go window shopping
dibujar.............................to draw
escuchar...........................to listen (to)
gustar mucho *impers* .... to like a lot
hacer bricolaje *irreg* .... to do DIY, tinker
hacer modelos *irreg*......... to make models
ir a la ciudad *irreg* .... to go to town
ir a ver *irreg*..................... to go and see
ir de tiendas *irreg* .... to go round shops
jugar(ue) a las cartas........ to play cards
jugar(ue) a un juego de ordenador
            .... to play a computer game
leer .... to read
mirar .... to watch
pagar .... to pay (for)
pintar............................... to paint
sacar fotos....................... to take photos
salir *irreg*....................... to go out
visitar un castillo .... to visit a castle

Mis pasatiempos   My hobbies

¿Coleccionas sellos? *Do you collect stamps?*

Sí, tengo muchos sellos *Yes, I have a lot of stamps*

¿Qué clase de libros te gustan? *What sort of books do you like reading?*

Me gustan las novelas policíacas *I like detective stories*

Me gustan los juegos de mesa *I like board games*

Escucho la radio *I listen to the radio*

Actúo en obras de teatro *I act in plays*

Monto a caballo *I go horseriding*

Juego a las cartas *I play cards*

Juego al ajedrez *I play chess*

Doy paseos por el campo *I go for walks in the country*

Los fines de semana   At the weekend

GOING OUT

Generalidades	General
el cine	cinema
el club	club
el concierto	concert
la discoteca	disco
el estadio	stadium
la excursión	outing
la exposición	exhibition
la fiesta	party
el museo	gallery
la piscina	swimming pool
la pista (de patinaje)	(skating) rink
el polideportivo	sports centre
la sociedad	society, club
el teatro	theatre

el terreno de deportes	sports ground
la entrada	ticket
la estrella	film star
la obra (de teatro)	play
el paraíso	balcony
el programa	programme
la sesión	film showing

Verbos útiles	Useful verbs
costar(ue)	to cost
durar	to last
empezar(ie)	to begin
terminar	to finish

Vamos a salir   Going out

¿Por qué no salimos esta tarde? *Shall we go out this evening?*

Sí, me gustaría mucho *Yes, please*

No, gracias *No, thank you*

Lo siento, pero no puedo *I'm sorry, I can't make it*

Voy a lavarme el pelo *I'm washing my hair*

Ya estoy haciendo algo *I'm already doing something*

Tengo muchos deberes *I have a lot of homework*

¿Qué quieres hacer esta tarde? *What would you like to do this evening?*

¿Dónde quieres ir? *Where would you like to go?*

¿Qué vamos a hacer esta tarde? *What shall we do this evening?*

¿Podemos ir a la discoteca? *Can we go to the disco?*

¿Podemos alquilar un vídeo? *Can we hire a video?*

Quiero ir al cine *I would like to go to the cinema*

¿Qué ponen? *What is on at the cinema?*

Ponen una película de aventuras *There's an adventure film*

¿Qué ponen en el teatro? *What play is on at the theatre?*

Hay una obra de Roald Dahl *There is a play by Roald Dahl*

Vamos a salir (continuación)   Going out (cont)

¿Has visto Harry Potter? *Have you seen Harry Potter?*
¿Ya está en vídeo? *Is it already on video?*

¿A qué hora nos vemos? *What time shall we meet?*
A las siete *At seven o'clock*
Te veré a las siete esta tarde *I'll see you at 7 this evening*

¿A qué hora empieza la película/la obra? *When does the film/play begin?*
Empieza a las ocho *It begins at 8 o'clock*
¿A qué hora termina? *What time does it finish?*
Termina a las diez y media *It finishes at half past ten*

¿Cuánto cuestan las entradas? *How much do the tickets cost?*
Cuestan cuatro euros *They cost €4*

¿Cuánto cuesta una entrada de paraíso/butaca? *How much is a seat in the balcony/the stalls?*
Dos de paraíso, por favor *Two tickets for the balcony, please*
Una entrada de butaca, por favor *One ticket in the stalls, please*

¿Dónde nos vemos? *Where shall we meet?*
Nos vemos delante del cine *I'll see you outside the cinema*

¿Qué hiciste?   What did you do?

¿Qué hiciste el sábado pasado? *What did you do last Saturday?*
El sábado por la mañana fui a la ciudad *On Saturday morning I went into town*
Después del almuerzo jugué al fútbol/al hockey *After lunch I played football/hockey*
Por la tarde vi la televisión *In the evening I watched TV*

¿Qué hiciste anoche? *What did you do last night?*
Escuché música y leí *I listened to music and I read*
Hice mis deberes *I did my homework*

¿Qué hiciste el domingo pasado? *What did you do last Sunday?*
El domingo por la mañana fui a la iglesia *On Sunday morning I went to church*
Por la tarde jugué con el ordenador *In the afternoon I played on my computer*
Luego fui a la piscina *Then I went to the swimmng pool*
Por la tarde terminé mis deberes *In the evening I finished my homework*

POCKET MONEY

Generalidades	General
barato/a	cheap, good value
caro/a	expensive
mucho	a lot
pobre	poor
rico/a	rich
todas las semanas	each week

Verbos útiles	Useful verbs
ahorrar	to save
comprar	to buy
costar(ue)	to cost
gastar	to spend

El dinero   Pocket money

¿Cuánto dinero recibes cada semana? *How much pocket money do you get a week?*

Recibo 5 libras cada semana *I get £5 per week*

¿Qué haces con tu dinero? *What do you do with your pocket money?*

Compro ropa *I buy clothes*

CELEBRATIONS

Generalidades	General
el año nuevo judío	Rosh Hashana
el día de Año Nuevo	New Year's Day
el día de los Reyes	Twelfth Night
el día de Navidad	Christmas Day
el Domingo de Resurrección	Easter Day
la Nochevieja	New Year's Eve
la Pascua (de los judíos)	Passover
el Ramadán	Ramadan
el Sabbath	Sabbath
el árbol de Navidad	Christmas tree
el cumpleaños	birthday

el nacimiento	nativity scene
Papá Noel	Father Christmas
el regalo	present
el santo	name day
la tarjeta	card
la tarta	cake

Verbos útiles	Useful verbs
celebrar	to celebrate
comprar	to buy
dar *irreg*	to give
enviar	to send

Las fiestas   Celebrations

Compro un regalo para mi madre *I buy/am buying a present for my mother*

Compro un regalo para mi primo/prima *I buy/am buying a present for my cousin*

Envío una carta a mi amigo/amiga de intercambio *I send/am sending a card to my exchange partner*

Doy una botella de vino a mi padre *I give/am giving a bottle of wine to my father*

La Nochebuena cantamos villancicos *We sing carols on Christmas Eve*

Mi cumpleaños es el veintiuno de junio *My birthday is June 21st*

HOLIDAYS

Generalidades　　　General

los cheques de viajero ...... traveller's cheques
la estancia .... stay
la excursión .... trip, outing
el folleto .... brochure
la foto .... photo
la maleta .... suitcase
el mapa de la región .... map of the area
la mochila .... rucksack
la oficina de turismo........ information office
el pasaporte...................... passport
el plano (de la ciudad) ...... (town) plan
la región........................... region, area
el/la turista .... tourist
las vacaciones.................. holidays
el viaje .... journey
la visita .... visit
la visita escolar................ school visit
todo el mundo.................. everybody

Verbos útiles　　　Useful verbs

divertirse(ie) .... to have a good time
estar de vacaciones *irreg* .. to be on holiday
ir de vacaciones *irreg* .... to go on holiday
pasar quince días .... to spend a fortnight
quedarse........................... to stay
salir en avión *irreg* .... to leave by plane

Ir de camping　　　Going camping

el agua (no) potable .... (non) drinking water
el alquiler de bicicletas..... bike hire
la bombona de gas............ gas cylinder
la cama de campaña .... camp bed
el camping .... camping
el/la campista................... camper
el carnet de camping........ camping carnet
las cerillas....................... matches
la comida .... food
la electricidad .... electricity

el enchufe .... power point
el equipo de camping........ camping equipment
el fregadero...................... washing up sink
la hoguera de campamento
.... campfire
el hornillo de gas .... gas cooker
la lavadora .... washing machine
la lavandería .... launderette
la linterna........................ torch
la navaja........................... penknife
la piscina.......................... swimming pool
la plaza............................. pitch
la recepción...................... reception
la ropa sucia..................... clothes (dirty)
el saco de dormir .... sleeping bag
la sala de juegos............... games room
los servicios .... toilet block
el tazón .... bowl
la tienda .... tent
el vehículo .... vehicle

¿Cómo es/está?　　　What is it like?

cerca de............................ near to
completo/a .... full
al sol .... in the sun
a la sombra....................... in the shade
lejos de............................. far from
municipal .... council-run
para llevar .... to take away
todo el año .... all year round

Verbos útiles　　　Useful verbs

acampar .... to camp
buscar............................... to look for
cocinar .... to cook
hacer camping *irreg*.......... to go camping
montar una tienda .... to put up a tent
pagar .... to pay (for)

El albergue juvenil   Youth hostel

el agua caliente.................hot water
el albergue juvenil.............youth hostel
la bienvenida ....welcome
la cocina ....kitchen
el comedor........................dining room
el cubo de basura...............rubbish bin
el dormitorio.....................dormitory
el guardián, la guardiana ...warden
la lista de precios..............price list
la manta............................blanket
la noche ....night
la oficina...........................office
la persona responsable ......organiser, party leader
la ropa de cama ....linen
el sábana-saco ....sheet sleeping bag
el salón ....day room
el silencio ....silence
la tarjeta de miembro........membership card

¿Cómo es/está?   Describing it

completo/a.......................full
obligatorio/a ....compulsory
prohibido/a ....forbidden
excepto ....except
todo el año.......................all year round

Verbos útiles   Useful verbs

abrir ....to open
alquilar ....to hire, to let
arreglar ....to tidy
ayudar..............................to help
cerrar(ie)..........................to shut
dar las gracias *irreg*..........to thank
organizar..........................to organise

En el hotel   At the hotel

el aparcamiento ....car park
el ascensor.......................lift
el baño ....bath
el camarero......................waiter

la camerera .... waitress
el cuarto de baño .... bathroom
el desayuno...................... breakfast
la ducha .... shower
la escalera .... staircase
la fecha .... date
la habitación .... room
la llave .... key
la media pensión.............. half board
el patrón, la patrona......... manager, owner
la pensión........................ guest house
la pensión completa......... full board
el piso .... floor, storey, flat
la planta baja................... ground floor
el precio .... price
la recepción .... reception
el/la recepcionista............ receptionist
el restaurante .... restaurant
la salida de urgencia .... emergency exit
los servicios .... toilets
el sótano.......................... basement
la televisión .... TV set

¿Cómo es/está?   Describing it

barato/a........................... cheap
cómodo/a .... comfortable
de gran confort .... very comfortable
de lujo............................. luxurious
disponible .... available
grande............................. big
incluido/a........................ included
no caro/a .... not expensive
no demasiado caro/a......... not too expensive
no incluido/a................... not included
ocupado/a .... occupied
otro/a.............................. other
privado/a......................... private
ruidoso/a .... noisy
solo/a .... alone
con .... with
para................................. for
sin .... without

A orillas del mar   At the seaside

la arena .... sand
la bajamar .... low tide
el barco .... boat
el barco hinchable .... inflatable boat
el bronceador .... sun cream
la caseta de primeros auxilios
.... first aid post
el castillo de arena .... sandcastle
el helado .... ice cream
la lancha neumática .... dinghy
el mar .... sea
la pamela .... sunhat
la playa .... beach

la playa (no) supervisada .. (un)supervised beach
la pleamar .... high tide
el puerto .... port
el puerto deportivo .... yacht marina
la quemadura del sol .... sunburn
el traje de baño .... swimsuit

dar un paseo en barco *irreg* .... to take a boat trip
hacer esquí acuático *irreg.* to waterski
hacer vela *irreg* .... to go sailing
hacer windsurf *irreg* .... to windsurf
nadar .... to swim
tomar el sol .... to sunbathe

Las vacaciones   Holidays

¿Dónde pasas las vacaciones de verano? *Where do you spend your summer holidays?*

Voy a orillas del mar *I go to the seaside*

Voy al campo *I go to the country*

Hago camping *I go camping*

Doy paseos en la montaña *I walk in the mountains*

Voy a ver a mis primos/primas *I go to see my cousins*

¿Cuánto tiempo pasas a orillas del mar? *How long do you stay at the seaside?*

Paso quince días a orillas del mar *I stay at the seaside for a fortnight*

¿Qué tiempo hace? *What is the weather like?*

Hace calor. Hace sol *It is hot. It is sunny*

¿Nadas en el mar? *Do you go swimming in the sea?*

Sí, nado y hago windsurf *Yes, I swim and windsurf*

¿Pasas un rato en la playa? *Do you spend time on the beach?*

Sí, voy a la playa todos los días *Yes, I go to the beach every day*

¿Qué haces por la tarde? *What do you do in the evening?*

Por la tarde vamos a la discoteca *In the evening we go to a disco*

Damos un paseo por la ciudad *We walk around town*

Las vacaciones (continuación)   Holidays (cont)

¿Dónde vas a pasar las vacaciones de Semana Santa? *Where are you going to spend the Easter holidays?*

Iré a España *I shall be going to Spain*

¿Qué vas a hacer en España? *What are you going to do in Spain?*

Iré a la casa de mi amigo/amiga de intercambio *I am going to stay with my exchange partner*

Voy a hacer un intercambio escolar *I shall be going on a school exchange*

¿Dónde pasaste las vacaciones de verano el año pasado? *Where did you go on holiday last year?*

El año pasado fuimos a Cornualles *Last year we went to Cornwall*

¿Visitaste algunos castillos? *Did you visit any castles?*

No, no me gustan los castillos *No, I don't like castles*

Mis vacaciones   My holidays

TOWN

el aeropuerto	airport	la estación	station
la agencia de viajes	travel agent	la estación de autobuses	bus station
el ayuntamiento	town hall	la estación de servicio	service station
el banco	bank	el estadio	stadium
la biblioteca	library	la fábrica	factory
el castillo	castle, stately home	el hospital	hospital
la catedral	cathedral	el hotel	hotel
el centro comercial	shopping centre	la iglesia	church
el cine	cinema	el mercado	market
la ciudad	town	el museo	museum
la comisaría	police station	la oficina (de correos)	(post) office
(los) correos	post office	el teatro	theatre
el edificio	building	la tienda	shop

COUNTRY

la aldea	village	a 10 km de	10 km from
el bosque	wood	lejos de	far from
la colina	hill	a lo largo de	along
la granja	farm	cerca de	near
la isla	island	situado/a en	situated (at)
el lago	lake		
la montaña	mountain	en el norte	in the north
el país	country, region	en el sur	in the south
la provincia	province	en el este	in the east
la región	region, district	en el oeste	in the west
el río	river		
la selva	forest		
el valle	valley		

¿Dónde está?   **Where is it?**

Aquí está ...	**Here is ...**
Aquí está ...	Here is ...
Allí está ...	There is ...
por ahí	over there
Está muy cerca	It's very near
Está bastante lejos	It's quite a long way away
Sigue por aquí	You go this way
Sigue por ahí	You go that way

en el centro de	in the middle of
al lado de	beside
delante de	in front of, outside
a la derecha de	to the right of
enfrente de	opposite
a la izquierda de	to the left of

¿Cómo es?	What's it like?	Verbos útiles	Useful verbs
bonito/a............................pretty		andar *irreg*.......................to walk	
histórico/a.........................historic		dar un paseo *irreg*.............to go for a walk	
industrial...........................industrial		jugar(ue) ....to play	
pintoresco/a ....picturesque		nadar................................to swim	
tranquilo/a ....quiet		ver *irreg*...........................to see	
turístico/a..........................popular with tourists		visitar...............................to visit	

En la ciudad   In town

¿Dónde vives? *Where do you live?*

Vivo en Worcester *I live in Worcester*

¿Es una ciudad grande/una aldea pequeña? *Is it a big town/small village?*

Es una ciudad grande *It is a large town*

¿Dónde está Worcester? *Where is Worcester?*

Está en el centro de Inglaterra *It is in the centre of England*

¿Cuántos habitantes hay? *How many people live there?*

Hay cien mil habitantes *100,000 people live there*

¿Qué hay en tu barrio? *What is there in your part of town?*

Hay casas, tiendas, una iglesia *There are houses, shops, a church*

¿Qué hay que ver en tu ciudad? *What is there to see in your town?*

Hay un museo, un cine, un teatro *There is a museum, a cinema, a theatre*

¿Qué hay que hacer en Worcester? *What is there to do in Worcester?*

Se puede visitar la catedral *You can go and see the cathedral*

¿Qué facilidades hay para los deportes? *What facilities are there for sport?*

Hay un terreno de fútbol y una piscina *There is a football ground and a swimming pool*

En el campo   In the country

Vivo en una pequeña aldea que se llama Elmbridge *I live in a small village called Elmbridge*

Hay una oficina de correos, una tienda de comestibles y una iglesia *There is a Post Office, a general store and a church*

El río está cerca de la aldea *The river is near the village*

¿Prefieres la ciudad o el campo? *Do you prefer the town or the country?*

Prefiero la ciudad/el campo *I prefer the town/the country*

WEATHER

Generalidades	General
el chubasco	shower, downpour
el cielo	sky
el hielo	ice
la nieve	snow
la nube	cloud
el relámpago	flash of lightning
el sol	sun
la tempestad	storm
el trueno	thunder
el viento	wind
nuboso	cloudy
soleado	sunny
templado	mild

El tiempo — The weather

Hace buen tiempo	It is fine
Hace calor	It is hot
Hace frío	It is cold
Hace mal tiempo	The weather is bad
Estamos a 30 grados	It is 30 degrees
Hay niebla	It is foggy
Hace sol	It is sunny
Hace viento	It is windy
Está nuboso	It is cloudy
Está helando	It is freezing
Está nevando	It is snowing
Está lloviendo	It is raining
Ayer hacía buen tiempo	It was fine yesterday
Ayer estaba nevando	It was snowing yesterday
Ayer estaba lloviendo	It was raining yesterday
La semana pasada hacía calor	It was hot last week
La semana pasada llovía	It was raining last week
Mañana va a hacer frío	It will be cold tomorrow
Mañana va a llover	It will rain tomorrow

ASKING THE WAY

Lugares conocidos   Landmarks

el barrio ....district
el buzón ....letter box
la cabina telefónica...........phone box
la calle ....street
el centro comercial ....shopping centre
el centro de la ciudad ....town centre
el cruce ....crossroads
la esquina..........................the corner
el metro ....underground
la parada de autobús..........bus stop
el parque............................park
la plaza ....square
el puente ....bridge
el puerto............................port
el quiosco ....kiosk, stall
la rotonda..........................roundabout
el semáforo........................traffic lights
la zona peatonal................pedestrian precinct

¿Dónde está?   Where is it?

al lado de la oficina ....next to the post
   de correos   office
antés del quiosco ....before the kiosk
cerca de la plaza ....near the square

delante del cine................ outside the cinema
después del cruce............. after the crossroads
detrás del teatro .... behind the theatre
en la esquina de la .... on the corner of the
   calle   street
enfrente del banco .... opposite the bank
entre el puente .... between the bridge
   y el semáforo   and the lights
lejos de la estación........... a long way from the
                               station

Señales   Signs

entrada prohibida............. no entry
se prohibe pisar la hierba.. keep off the grass
sentido único .... one way
zona peatonal.................. pedestrians only

Verbos útiles   Useful verbs

bajar................................ to go down
cruzar.............................. to cross
ir *irreg* .... to go
seguir(i) .... to continue
subir............................... to go up
tomar.............................. to take
torcer(ue) .... to turn

¿Por dónde se va a ...?   How do you get to ...?

Perdone ... *Excuse me ...*

Gracias *Thank you*

De nada *Not at all*

¿Dónde está la estación, por favor? *Where is the station, please?*

Tuerza a la izquierda *Turn left*

¿Dónde está la oficina de correos, por favor? *Where is the post office, please?*

Tuerza a la derecha *Turn right*

¿Por dónde se va al centro de la ciudad, por favor? *How do I get to the town centre, please?*

Siga todo derecho *Go straight on*

¿A qué distancia está? *How far is it?*

Está a dos kilómetros de aquí *It is two kilometres from here*

¿Se puede ir en autobús? *Can I go by bus?*

Hay un autobús cada 10 minutos *There is a bus every 10 minutes*

Busco el ayuntamiento, por favor *I'm looking for the Town Hall, please*

¿Está lejos de aquí? *Is it far from here?*

No, está muy cerca *No, it's close by*

¿Se puede ir a pie? *Can I walk there?*

Sí, siga hasta los semáforos, luego tuerza a la izquierda *Yes, go as far as the lights, then turn left*

Pase por delante de la comisaría *Go past the police station*

¿Hay un banco cerca de aquí, por favor? *Is there a bank nearby, please?*

Cruce la carretera y está a la derecha *Cross the road and it's on the right*

Suba/Baje la calle *Go up/down the street*

Tome la primera calle a la derecha *Take the first street on the right*

SHOPPING

Generalidades — General

el cajero, la cajera	cashier
el/la cliente	customer
el/la comerciante	(market) trader
el dependiente	sales assistant
la dependienta	sales assistant
el/la transeúnte	passer-by

Las tiendas — Shops

la bombonería	sweetshop
la carnicería	butcher's shop
la charcutería	delicatessen
el estanco	tobacconist's shop
la farmacia	chemist's shop
la ferretería	ironmonger's
el hipermercado	hypermarket
la lechería	dairy produce shop
la librería	bookshop
el mercado	market
la panadería	baker's shop
la pastelería	cake shop
la peluquería	hairdressers
la pescadería	fish shop
el supermercado	supermarket
la tienda de comestibles	general food shop
la tienda de ropa	clothes shop
la tienda de ultramarinos	grocer's shop

En la tienda — In the shop

el ascensor	lift
el carrito	trolley
la escalera mecánica	escalator
el escaparate	shop window
el mostrador	counter
el piso/la planta	floor
la planta alta	top floor
la planta baja	the ground floor
la sección	department
el sótano	basement
el tendero, la tendera	shop keeper

Las señales — Signs

abierto todos los días	open 7 days a week
cerrado	closed
cerrado por vacaciones	annual holiday
empujad	push
entrada	entrance
entrada libre	browsers welcome
gangas	fantastic prices
horas de abrir	opening hours
no tocar	do not touch
paguen en la caja	pay at the cash desk
promoción	on special offer
rebajas	sale
salida de urgencia	emergency exit
tirad	pull
se vende	for sale
se vende aquí	on sale here

Comprando ropa — Buying clothes

la blusa	blouse
la bota	boot
el calcetín	sock
la camisa	shirt
el camisón	nightdress
la chaqueta	jacket
el cinturón	belt
las medias	tights
el sombrero	hat
el traje	suit
las zapatillas (de deporte)	trainers
el zapato	shoe
el abrigo	coat
el bañador	swimming trunks
la bata de casa/baño	dressing gown
una bufanda	scarf
los calzoncillos	underpants
el chandal	tracksuit
la falda	skirt
el guante	glove

el impermeable .... raincoat
el jersey .... pullover
el pantalón .... trousers
los pantalones cortos .... shorts
el pañuelo (de papel) .... (paper) handkerchief
el pijama .... pyjamas
el saco .... bag
la sandalia .... sandal
el sostén .... bra
el traje de baño .... swimsuit
los vaqueros .... pair of jeans
el vestido .... dress

El material   Material

Es de algodón .... It's cotton
Es de cuero .... It's leather
Es de lana .... It's wool
Es de plástico .... It's plastic

Comprando la comida
Buying food

La carne   Meat

el bistec .... steak
la carne asada .... roast meat
la carne de vaca .... beef
el cerdo .... pork
el conejo .... rabbit
el cordero .... lamb
el cordero .... mutton
el jamón .... ham
el pato .... duck
el pavo .... turkey
la ternera .... veal

El pescado   Fish

el atún .... tuna
el bacalao .... cod
el cangrejo .... crab
la gamba .... prawn
los mejillones .... mussels
la sardina .... sardine

Las legumbres y verduras
Vegetables

el ajo .... garlic
el arroz .... rice
la berza, el repollo .... cabbage
la cebolla .... onion
el champiñón .... mushroom
la coliflor .... cauliflower
la ensalada .... salad
las espinacas .... spinach
los guisantes .... peas
las habas .... beans
las judías verdes .... green beans
la lechuga .... lettuce
las patatas .... potatoes
el pepino .... cucumber
la zanahoria .... carrot

Las frutas   Fruit

el albaricoque .... apricot
la cereza .... cherry
la ciruela .... plum
la frambuesa .... raspberry
la fresa .... strawberry
el limón .... lemon
la manzana .... apple
el melocotón .... peach
el melón .... melon
la naranja .... orange
la nuez .... nut
la pera .... pear
la piña .... pineapple
el plátano .... banana
el pomelo .... grapefruit
el tomate .... tomato
la uva .... grape

Otras cosas de comer Other foods

la barra de pan	baguette
el bocadillo (de jamón)	(ham) sandwich
el chocolate	chocolate
la crema	cream
el dulce	sweet
los fideos	noodles
la galleta	biscuit
el helado	ice cream
el huevo	egg
la mantequilla	butter
la mermelada	jam
el pan integral	wholemeal bread
la pasta	pasta
el pastel	cake
las patatas fritas	crisps, chips
el queso	cheese
el quiche	quiche lorraine
la tarta (de manzana)	(apple) tart
el yogur	yoghurt

Comprando bebidas Buying drinks

el agua mineral	mineral water
el café	coffee
el chocolate	chocolate
la coca (-cola)®	Coca-Cola®
la leche	milk
la limonada	lemonade
el té	tea
el té con limón	lemon tea
el zumo de manzana	apple juice
el zumo de naranja	orange juice

la cerveza	beer
la sidra	cider
el vino blanco	white wine
el vino tinto	red wine

Comprando recuerdos
Buying souvenirs

la agenda escolar	school diary
las galletas	biscuits
un libro	a book
unos sellos	stamps
una tarjeta postal	postcard
la tira cómica	comic strip

¿Cuánto quiere?
How much do you want?

una botella de	a bottle of
cien gramos de	100g of
un kilo de	a kilo of
una lata de	a tin of
una libra de	a pound of
quinientos gramos de	500 grams of
un litro de	a litre of
una loncha de	a slice of
medio litro de	half a litre of
un paquete de	a packet of

Verbos útiles   Useful verbs

abrir	to open
aceptar	to accept
buscar	to look for
cerrar(ie)	to close
comprar	to buy
costar(ue)	to cost
gustar *impers*	to like
llevar	to wear
pagar	to pay for
pedir(i)	to ask for
preferir(ie)	to prefer
probar(ue)	to try on
querer *irreg*	to want, wish for
tomar	to take
vender	to sell

Haciendo las compras   Shopping

¿A qué hora se abre la tienda, por favor? *What time does the shop open, please?*
¿A qué hora se cierra la tienda, por favor? *What time does the shop shut, please?*

¿Quién es el siguiente? *Who is next?*
Soy yo *I'm next*
¿Qué quiere Vd.? *What would you like?*
¿Le importa si entro a verlo? *Can I look round?*

Quiero ... *I would like ...*
Busco ... *I'm looking for ...*
¿Vende ...? *Do you sell ...?*
Deme ..., por favor *Give me ..., please*

Me quedo con eso *I'll take that*
No me quedo con eso *I won't take it*
¿De qué tamaño es? *What size is it?*
Grande/mediano/pequeño *Large/medium/small*
¿Qué talla tiene? *What size are you? (clothes)*
¿Qué número calza? *What size are you? (shoes)*
Es demasiado pequeño/grande/corto/caro *It's too small/big/short/expensive*

¿Cuánto cuesta, por favor? *How much is it please?*
¿Cuánto le debo? *How much do I owe you?*
¿Pago en la caja? *Do I pay at the desk?*
Pague en la caja *Pay at the desk*
¿Tiene cambio de veinte euros, por favor? *Have you change for 20 euros, please?*
Sólo tengo un billete de veinte euros *I've only got a 20 euro note*
Aquí tiene la vuelta *Here is the change*
Es para mi padre/mi madre *It's for my father/mother*
Es para un regalo *It's for a present*
¿Puede envolverlo para regalo, por favor? *Can you gift wrap it please?*

¿Algo más? *Anything else?*
¿Otra cosa? *Is there anything else?*
Es todo, gracias *That's all, thank you*

POST OFFICE AND BANK

En la oficina de correos
At the post office

por avión	by air mail
el buzón	letterbox
la carta	letter
el cartero	postman
(los) correos	post office
el estanco	tobacconist's (you can buy stamps there)
la oficina de correos	post office
el paquete	parcel
la próxima recogida	the next collection
las señas	address
la tarjeta postal	postcard
la ventanilla	counter

Verbos útiles   Useful verbs

echar a correos	to post
echar en el buzón	to post
enviar, mandar	to send

En la oficina de correos   In the post office

¿Cuánto cuesta una carta para Gran Bretaña? *How much does it cost for a letter to the UK?*

Quiero cinco sellos para Gran Bretaña, por favor *I'd like five stamps for the UK, please*

¿Tiene Vd. monedas de dos euros, por favor? *Have you got any €2 coins, please?*

Quiero mandar un paquete a Gran Bretaña *I want to send a parcel to the UK*

¿Dónde está el buzón, por favor? *Where is the letter box, please?*

¿Se puede telefonear desde aquí, por favor? *Can I telephone from here please?*

¿Hay una cabina telefónica cerca de aquí? *Is there a phone box nearby?*

¿Venden tarjetas de teléfono? *Do you sell phone cards?*

Quiero una tarjeta de teléfono de 50 unidades, por favor *I'd like a 50 unit phone card, please*

En el banco   In the bank

el banco	bank
el billete de viente euros	€20 note
la caja	till
el cajero automático	cash machine
el cent	cent
el cheque de viajero	traveller's cheque
la comisión	commission
el dinero	money
el dinero suelto	change
la documentación	proof of ID
el euro	euro
el eurocheque	eurocheque
el número de cuenta	account number
el pasaporte	passport
la tarjeta de crédito	credit card
el tipo de cambio	exchange rate
la oficina de cambio	exchange office

En el banco   In the bank

Quiero cambiar dinero, por favor *I'd like to change some money, please*

Quiero cambiar unos cheques de viaje *I'd like to change some traveller's cheques*

Quiero cambiar un eurocheque, por favor *I'd like to change a eurocheque, please*

¿Cuál es el tipo de cambio para la libra esterlina, por favor? *What is the rate for the pound, please?*

¿La documentación? Aquí tiene mi pasaporte *Proof of identity? Here's my passport*

TRAVEL AND TRANSPORT

Los medios de transporte
Means of transport

el autobús	bus
el autocar	coach
la bici de montaña	mountain bike
la bici(cleta)	bike
el camión	lorry
la camioneta	van
el ciclomotor	moped
el coche	car
el metro	underground
la moto	motor bike
el tren	train

Viajando en tren   Train travel

el andén	platform
el AVE	high speed train
el billete	ticket
un billete de ida	single ticket
un billete de ida y vuelta	return ticket
el coche comedor	buffet car
la consigna	left luggage
la correspondencia	connection
la estación de ferrocarril	railway station
el ferrocarril	railway
de (no) fumadores	(non) smoker
la hidroala a chorro	jetfoil
el horario	timetable
la información	information
la llegada	arrival
la parada de taxis	taxi rank
la plaza reservada	reservation
la primera clase	first class
el rápido	express
el retraso	delay
la sala de espera	waiting room
la salida	departure
la segunda clase	second class
la taquilla	ticket office
el tren	train

el vagón	carriage
la vía	track
el viajero, la viajera	traveller

Viajando en autobús Bus travel

el billete	ticket
el bonobús	book of tickets
la estación de autobús	bus station
la línea	line, route
el número	number
la parada	stop
el precio (del viaje)	fare

Viajando en avión   Air travel

el aeropuerto	airport
el avión	plane
el/la auxiliar de vuelo	flight attendant
el/la piloto	pilot
el vuelo	flight

Cruzando el Canal de la Mancha
Crossing the Channel

el barco	boat
el mar	sea
el puerto	port
el puerto (del ferry)	ferry terminal
el transbordador (de coches)	car ferry
la travesía	crossing
el túnel del Canal de la Mancha	Channel Tunnel

agitado/a	rough
puntual, a tiempo	on time
tarde	late
tranquilo/a	calm

Verbos útiles   Useful verbs

andar *irreg* ....to walk
aterrizar ....to land
bajar de ....to get off/out of
buscar ....to look for
cambiar ....to change
coger el tren/el autocar ......to catch the train/coach
comprar ....to buy
consultar ....to consult
controlar ....to check
cruzar................................to cross
despegar ....to take off (plane)
durar ....to last
esperar ....to wait (for)
estar situado *irreg*..............to be situated
informarse sobre................to find out (about)
instalarse...........................to find a seat
ir *irreg* ....to go
ir a buscar *irreg*................to fetch

ir andando *irreg* .... to walk, go on foot
ir a pie *irreg*..................... to walk, go on foot
llegar............................... to arrive
pararse .... to stop
pasar .... to pass (time)
perder(ie) .... to miss (train)
picar................................ to time stamp a ticket
salir *irreg* .... to go out
salir (de) *irreg*.................. to leave (from)
subir a .... to get on/into
subir a cubierta .... to go up on deck
utilizar............................. to use
viajar en autobús.............. to go by bus
viajar en bicicleta .... to travel by bike
viajar en autocar .... to go by coach
viajar en tren.................... to go by train
volar(ue) .... to fly
volver(ue) .... to return home

Viajando en tren   Going by train

¿Dónde está la estación, por favor? *Where is the station, please?*
¿A qué distancia está de aquí? *How far is that?*
¿Dónde está exactamente? *Where is that exactly?*

¿Dónde está la taquilla? *Where is the ticket office?*
¿Dónde están los servicios? *Where are the toilets?*

¿A qué hora sale el tren para Madrid, por favor? *What time does the train for Madrid leave, please?*
¿A qué hora sale el próximo tren para Sevilla? *What time does the next train for Sevilla leave?*
¿A qué hora sale el último tren para Oviedo? *What time does the last train for Oviedo leave?*
¿A qué hora llega el tren de Granada? *What time does the train from Granada arrive?*
¿Hay un tren para Pamplona esta mañana? *Is there a train to Pamplona this morning?*
¿A qué hora llega? *What time does it get there?*

¿De qué andén sale? *Which platform does it leave from?*
¿Dónde está el andén número 9, por favor? *Where is platform 9, please?*
¿Es un tren directo? *Is it a through train?*

Viajando en tren (continuación)   Going by train (cont)

Un billete de ida para Toledo, por favor *A single to Toledo, please*

Un billete de ida y vuelta, en segunda, para Sevilla, por favor *A second class return to Sevilla, please*

¿Cuánto es un billete de primera clase? *How much is a first class ticket?*

Quiero resevar una plaza, por favor *I want to reserve a seat, please*

Quisiera una plaza de no fumadores *I'd like a non-smoking seat*

¿Cuánto tiempo dura el viaje? *How long does the journey last?*

El viaje dura dos horas, más o menos *The journey lasts about two hours*

Viajando en autobús   Going by bus

¿Dónde está la parada de autobús, por favor? *Where is the bus stop, please?*

Un bonobús, por favor *A book of tickets, please*

No se olvide de picar el billete *Don't forget to stamp your ticket*

He picado mi billete *I have stamped my ticket*

¿Cuántos autobuses hay por hora? *How often do the buses run?*

Hay un autobús cada 10 minutos *There is a bus every 10 minutes*

¿A qué hora es el primer/último autobús? *What time is the first/last bus?*

¿Es éste el autobús para el centro de la ciudad? *Is this the right bus for the town centre?*

Baje Vd. al ayuntamiento *You get off at the Town Hall*

¿Hay un autocar para Salamanca esta mañana? *Is there a coach for Salamanca this morning?*

El autocar sale a las once de la mañana *The coach leaves at 11.00 a.m.*

Viajando en avión   Going by plane

Un billete, clase turística, por favor *A tourist class ticket, please*

¿A qué hora sale el próximo avión para Madrid? *What time does the next plane for Madrid leave?*

¿Hay un vuelo para Barcelona mañana? *Is there a flight for Barcelona tomorrow?*

Quiero una plaza en la sección de no fumadores *I'd like a seat in the non-smokers' section*

¿Dónde están los carritos, por favor? *Where are the trolleys, please?*

¿Hay un autocar para el aeropuerto? *Is there a coach to the airport?*

GENERAL WORDS AND PHRASES

Saludando   Exchanging greetings

¡Hola! ....Hi!

Adiós ....Goodbye

Buenos días ....Good morning

Buenas tardes ....Good afternoon, Good evening

Hasta la vista ....See you later

Hasta luego ....See you

Hasta mañana ....See you tomorrow

Hasta pronto ....See you soon

¿Qué tal? ....How are you?

Encantado/a ....Pleased to meet you

Le presento a Juan ....May I introduce Juan?

Muy bien, gracias ....Very well, thank you

Gracias ....Thank you

Perdóneme ....Excuse me

Por favor ....Please

Palabras de relleno   Fillers

Con (mucho) gusto ....With pleasure

Creo que no ....I don't think so

Creo que sí ....I think so

De acuerdo ....Agreed

Eso es ....That's it, That's right

Eso está bien ....That's nice

Me es igual ....I don't mind

No importa ....It doesn't matter

Probablemente ....I suppose so

¡Qué lástima! ....What a shame!

Sí, claro ....Yes, of course

Supongo que sí ....I suppose so

Tal vez ....Perhaps

Las opiniones   Opinions

Adoro ....I adore

Es aburrido ....It's boring

Es interesante ....It's interesting

Me gusta/gustan ....I like

No me gusta/gustan ....I don't like

Odio ....🔹........I hate

Preguntas   Questions

¿Se puede …? ....Can you ...?

¿Cómo es …? ....What is ... like?

¿Cómo? ....How?

¿Cuál(es)? ....Which?

¿Cuándo? ....When?

¿Cuánto/Cuánta? ....How much?

¿Cuántos/Cuántas? ....How many?

¿Dónde? ....Where?

¿Adónde? ....Where ... to?

¿Hay? ....Is there/Are there?

¿Por qué? ....Why?

¿Puedo …? ....Can I ...?

¿Qué? ....What?

¿Quién(es)? ....Who?

Las preposiciones   Prepositions

a ....to, at

en casa de ....at the house of

al lado de ....beside

antes de ....before

cerca de ....near

con ....with

de ....from

debajo de ....under

delante de ....in front of

después de ....after, since

detrás de ....behind

en ....in

enfrente de ....opposite

entre ....between

hacia ....towards

para ....for

por ....by, for, through, because of

sin ....without

sobre ....on

Los deseos · Wishes

¡Buena suerte! .... Good luck!	¡Feliz Año Nuevo! ....Happy New Year!
¡Feliz Cumpleaños! .... Happy birthday!	¡Feliz Navidad! ....Happy Christmas!
¡Felices Pascuas! .... Happy Christmas!	¡Que tenga(n) un buen día! .....Have a nice day!

Los números cardinales · Cardinal numbers

0	cero	20	veinte	101	ciento uno	
1	uno	21	veintiuno	105	ciento cinco	
2	dos	22	veintidós	110	ciento diez	
3	tres	23	veintitrés	150	ciento cincuenta	
4	cuatro	24	veinticuatro	175	ciento setenta y cinco	
5	cinco	25	veinticinco	181	ciento ochenta y uno	
6	seis	26	veintiséis	192	ciento noventa y dos	
7	siete	27	veintisiete	200	doscientos	
8	ocho	28	veintiocho	300	trescientos	
9	nueve	29	veintinueve	400	cuatrocientos	
10	diez	30	treinta	500	quinientos	
11	once	31	treinta y uno	600	seiscientos	
12	doce	32	treinta y dos	700	setecientos	
13	trece	40	cuarenta	800	ochocientos	
14	catorce	50	cincuenta	900	novecientos	
15	quince	60	sesenta	1 000	mil	
16	dieciséis	70	setenta	1 203	mil doscientos tres	
17	diecisiete	80	ochenta	5 000	cinco mil	
18	dieciocho	90	noventa	1 000 000	un millón	
19	diecinueve	100	ciento, cien	1 000 000 000	mil millones (un billón)	

La fecha · The date

Hoy es el primero de se(p)tiembre ....Today is September 1st
Hoy es el dos de enero ....Today is January 2nd
Hoy es el ocho de marzo ....Today is March 8th
Hoy es el once de abril ....Today is April 11th
Hoy es el diecinueve de mayo.......................................Today is May 19th
Hoy es el catorce de julio...Today is July 14th
Mi cumpleaños es el diez de noviembre ....My birthday is November 10th
Nací en mil novecientos noventa y cuatro ....I was born in 1994
Hoy es jueves el primero de enero dos mil cuatro ....Today is Thursday 1st January 2004

Los números ordinales

primero/a	first
segundo/a	second
tercero/a	third
cuarto/a	fourth
quinto/a	fifth
sexto/a	sixth
séptimo/a	seventh
octavo/a	eighth
noveno/a	ninth
décimo/a	tenth

Ordinal numbers

undécimo/a	eleventh
duodécimo/a	twelfth
decimotercero/a	thirteenth
decimocuarto/a	fourteenth
decimoquinto/a	fifteenth
decimosexto/a	sixteenth
decimoséptimo/a	seventeenth
decimoctavo/a	eighteenth
decimonoveno/a	nineteenth
vigésimo/a	twentieth

¿Qué hora es?

What time is it?

Es la una	It is one o'clock
Son las dos	It is two o'clock
Son las tres y cinco	It is five past three
Son las cuatro y diez	It is ten past four
Son las cinco y cuarto	It is quarter past five
Son las seis y veinte	It is twenty past six
Son las siete y veinticinco	It is twenty five past seven
Son las ocho y media	It is half past eight
Son las dos menos veinticinco	It is twenty five to two
Son las tres menos veinte	It is twenty to three
Son las cuatro menos cuarto	It is quarter to four
Son las cinco menos diez	It is ten to five
Son las seis menos cinco	It is five to six

Es mediodía	It is midday, noon
Son las doce y cinco	It is five past twelve
Son las doce y cuarto	It is quarter past twelve
Son las doce menos cuarto	It is quarter to twelve
Es medianoche	It is midnight
Son las doce y diez	It is ten past twelve
Son las doce y media	It is half past twelve
Son las doce menos diez	It is ten to twelve

Son las veinte	20.00
Son las veintidós quince	22.15
Son las dieciocho treinta	18.30
Son las trece cuarenta y cinco	13.45

Mediodía, mañana y tarde
Parts of the day

el día	day
la noche	night
la mañana	morning
el mediodía	midday, noon
la tarde	afternoon
la tarde	evening
todos los días	every day

Los días de la semana
Days of the week

lunes	Monday
martes	Tuesday
miércoles	Wednesday
jueves	Thursday
viernes	Friday
sábado	Saturday
domingo	Sunday

Los meses del año
Months of the year

enero	January
febrero	February
marzo	March
abril	April
mayo	May
junio	June
julio	July
agosto	August
se(p)tiembre	September
octubre	October
noviembre	November
diciembre	December

Los colores   Colours

Masculine Singular	Feminine Singular	Masculine Plural	Feminine Plural	Meaning
azul	azul	azules	azules	blue
azul claro	azul claro	azul claro	azul claro	light blue
azul oscuro	azul oscuro	azul oscuro	azul oscuro	dark blue
azul marino	azul marino	azul marino	azul marino	navy blue
blanco	blanca	blancos	blancas	white
marrón	marrón	marrones	marrones	brown
gris	gris	grises	grises	grey
amarillo	amarilla	amarillos	amarillas	yellow
castaño	castaña	castaños	castañas	chestnut brown
negro	negra	negros	negras	black
rojo	roja	rojos	rojas	red
verde	verde	verdes	verdes	green

Los adjetivos   Adjectives

Masculine Singular	Feminine Singular	Masculine Plural	Feminine Plural	Meaning
aburrido	aburrida	aburridos	aburridas	boring
agradable	agradable	agradables	agradables	pleasant, nice
alto	alta	altos	altas	big, tall
alto	alta	altos	altas	high
ancho	ancha	anchos	anchas	wide
antiguo	antigua	antiguos	antiguas	old, former
asqueroso	asquerosa	asquerosos	asquerosas	ugly, horrible
bajo	baja	bajos	bajas	short, low
bello	bella	bellos	bellas	beautiful
bobo	boba	bobos	bobas	stupid
bonito	bonita	bonitos	bonitas	pretty
bueno	buena	buenos	buenas	good
caliente	caliente	calientes	calientes	hot
caro	cara	caros	caras	expensive
contento	contenta	contentos	contentas	happy, pleased
corto	corta	cortos	cortas	short
delgado	delgada	delgados	delgadas	thin
difícil	difícil	difíciles	difíciles	difficult
divertido	divertida	divertidos	divertidas	amusing, funny
elegante	elegante	elegantes	elegantes	smart
enfermo	enferma	enfermos	enfermas	ill
estupendo	estupenda	estupendos	estupendas	super
estúpido	estúpida	estúpidos	estúpidas	stupid
excelente	excelente	excelentes	excelentes	excellent
fácil	fácil	fáciles	fáciles	easy
falso	falsa	falsos	falsas	false, wrong
favorito	favorita	favoritos	favoritas	favourite
feliz	feliz	felices	felices	happy
feo	fea	feos	feas	ugly
frío	fría	fríos	frías	cold
gordo	gorda	gordos	gordas	big, fat
gracioso	graciosa	graciosos	graciosas	funny

Los adjetivos (continuacíon)   Adjectives (continued)

Masculine Singular	Feminine Singular	Masculine Plural	Feminine Plural	Meaning
guapo	guapa	guapos	guapas	good-looking
grande	grande	grandes	grandes	big, tall
grave	grave	graves	graves	serious
importante	importante	importantes	importantes	important
imposible	imposible	imposibles	imposibles	impossible
inteligente	inteligente	inteligentes	inteligentes	intelligent
joven	joven	jóvenes	jóvenes	young
largo	larga	largos	largas	long
limpio	limpia	limpios	limpias	clean
lleno	llena	llenos	llenas	full
malo	mala	malos	malas	bad
natural	natural	naturales	naturales	natural
normal	normal	normales	normales	normal
nuevo	nueva	nuevos	nuevas	new
peligroso	peligrosa	peligrosos	peligrosas	dangerous
pequeño	pequeña	pequeños	pequeñas	small
pobre	pobre	pobres	pobres	poor
posible	posible	posibles	posibles	possible
serio	seria	serios	serias	serious
solo	sola	solos	solas	only, alone
sucio	sucia	sucios	sucias	dirty
típico	típica	típicos	típicas	typical
trabajador	trabajadora	trabajadores	trabajadoras	hard-working
triste	triste	tristes	tristes	unhappy
urgente	urgente	urgentes	urgentes	urgent
vacío	vacía	vacíos	vacías	empty
verdadero	verdadera	verdaderos	verdaderas	true, real
viejo	vieja	viejos	viejas	old

La Unión Europea   The European Union

País / *Country*	Significado / *Meaning*	Idioma / *Language*	Gentilicio / *Inhabitant*	Adjetivo / *Adjective*
Inglaterra (f)	*England*	el inglés	un(a) inglés/inglesa	inglés
Escocia (f)	*Scotland*	el inglés	un(a) escocés/escocesa	escocés
Irlanda del Norte (f)	*N. Ireland*	el inglés	un(a) irlandés/irlandesa	irlandés
Irlanda (f)	*Irish Republic*	el irlandés, inglés	un(a) irlandés/irlandesa	irlandés
Gales (f)	*Wales*	el galés, el inglés	un(a) galés/galesa	galés
Alemania (f)	*Germany*	el alemán	un(a) alemán/alemana	alemán
Austria (f)	*Austria*	el alemán	un(a) austríaco/a	austríaco
Bélgica (f)	*Belgium*	el francés	un(a) belga	belga
Dinamarca (f)	*Denmark*	el danés	un(a) danés/danesa	danés
España (f)	*Spain*	el español	un(a) español(a)	español
Finlandia (f)	*Finland*	el finlandés	un(a) finlandés/finlandesa	finlandés
Francia (f)	*France*	el francés	un(a) francés/francesa	francés
Grecia (f)	*Greece*	el griego	un(a) griego/a	griego
Italia (f)	*Italy*	el italiano	un(a) italiano/a	italiano
Holanda (f)	*Netherlands*	el holandés	un(a) holandés/holandesa	holandés
Luxemburgo (m)	*Luxembourg*	el francés	un luxemburgués/ una luxemburguesa	luxemburgués
Portugal (m)	*Portugal*	el portugués	un(a) portugués/portuguesa	portugués
Suecia (f)	*Sweden*	el sueco	un(a) sueco/a	sueco

Países hispanohablantes   Spanish-speaking Countries

(la) Argentina	*Argentina*	el español	un(a) argentino/a	argentino
Bolivia (f)	*Bolivia*	el español	un(a) boliviano/a	boliviano
Chile (m)	*Chile*	el español	un(a) chileno/a	chileno
Colombia (f)	*Colombia*	el español	un(a) colombiano/a	colombiano
Costa Rica (f)	*Costa Rica*	el español	un(a) costarricense	costarricense
Cuba (f)	*Cuba*	el español	un(a) cubano/a	cubano
(el) Ecuador	*Ecuador*	el español	un(a) ecuatoriano/a	ecuatoriano
Guatemala (f)	*Guatemala*	el español	un(a) guatemalteco/a	guatemalteco
(la) Guayana	*Guiana*	el español	un(a) guayanés/guayanesa	guayanés
Honduras (f)	*Honduras*	el español	un(a) hondureño/a	hondureño
México (m)	*Mexico*	el español	un(a) mexicano/a	mexicano
Nicaragua (f)	*Nicaragua*	el español	un(a) nicaragüense	nicaragüense
Panamá (m)	*Panama*	el español	un(a) panameño/a	panameño
(el) Paraguay	*Paraguay*	el español	un(a) paraguayo/a	paraguayo
(el) Perú	*Peru*	el español	un(a) peruano/a	peruano
(la) República Dominicana	*Dominican Republic*	el español	un(a) dominicano/a	dominicano

Países hispanohablantes   Spanish-speaking countries

| País | Significado | Idioma | Gentilicio | Adjetivo |
Country	*Meaning*	*Language*	*Inhabitant*	*Adjective*
El Salvador	*El Salvador*	el español	un(a) salvadoreño/a	salvadoreño
(el) Uruguay	*Uruguay*	el español	un(a) uruguayo/a	uruguayo
Venezuela (f)	*Venezuela*	el español	un(a) venezolano/a	venezolano

Otros países   Other countries

| País | Significado | Idioma | Gentilicio | Adjetivo |
Country	*Meaning*	*Language*	*Inhabitant*	*Adjective*
África (f)	*Africa*	(varios)	un(a) africano/a	africano
las Antillas	*West Indies*	el inglés, el francés	un(a) antillano/a	antillano
China (f)	*China*	el chino (varios)	un(a) chino/a	chino
los Estados Unidos	*USA*	el inglés	un(a) estadounidense	americano

Las ciudades   Towns and cities

Bruselas	*Brussels*	Ginebra	*Geneva*
Copenhague	*Copenhagen*	Roma	*Rome*
Edimburgo	*Edinburgh*	Londres	*London*

Other languages spoken in Spain

el catalán	*Catalan*
el euskera	*Basque*
el gallego	*Galician*
el valenciano	*Valencian*

GRAMMAR REMINDERS

Genders

Spanish nouns are grammatically either masculine or feminine. For each noun you have to learn whether it is masculine or feminine.

Masculine nouns use **el** for *the* and **un** for *a* or *an*.

Feminine nouns use **la** for *the* and **una** for *a* or *an*.

Masculine nouns use **los** for *the* in front of plural nouns.

Feminine nouns use **las** for *the* in front of plural nouns.

Masculine nouns use **unos** for *some* in front of plural nouns.

Feminine nouns use **unas** for *some* in front of plural nouns.

Adjectives

A noun is the name of a person or an object. An **adjective** tells you a little bit more about it.
(e.g. the car = noun; the **red** car - tells you which one; red is an **adjective**.)

In Spanish, nouns and adjectives must **agree** with each other. This means that a masculine singular noun needs a masculine singular adjective, a feminine singular noun needs a feminine singular adjective, a masculine plural noun needs a masculine plural adjective and a feminine plural noun needs a feminine plural adjective:

el chic**o** guap**o**	los chic**os** guap**os**
la chic**a** guap**a**	las chic**as** guap**as**

Possession

Spanish has no equivalent of the apostrophe s, so the word **de** is used for this purpose:

el coche **de** mi padre	*my father's car*
la blusa **de** mi hermana	*my sister's blouse*
los libros **de** los alumnos	*the pupils' books*
las llaves **de** mi amigo	*my friend's keys*

(N.B. When **de** comes before **el,** the two words are joined to make **del:**

las vacas **del** granjero	*the farmer's cows*

Possessive adjectives

Words expressing ownership match the object which is owned, not the owner!

mis libros   *my books*

(There is only one of me, but because "books" is plural, the word for "my" has to be plural, too)

	masculine singular	feminine singular	masculine plural	feminine plural	Meaning	
	one object owned		several objects owned			
one owner	mi	mi	mis	mis	*my*	**one owner**
	tu	tu	tus	tus	*your*	
	su	su	sus	sus	*his, her, its, your (polite)*	
2+ owners	nuestro	nuestra	nuestros	nuestras	*our*	**2+ owners**
	vuestro	vuestra	vuestros	vuestras	*your*	
	su	su	sus	sus	*their, your (polite)*	

Ser and *estar*

In Spanish there are two verbs which mean "to be": *ser* and *estar*.

Ser is the "permanent" verb - it describes facts that cannot change:

Juan es mecánico	*Juan is a mechanic*
¿Eres inglés?	*Are you English?*
Mi cumpleaños es el tres de marzo	*My birthday is the 3rd of March*
Las chicas son mis hermanas	*The girls are my sisters*

It is used to talk about someone's personality or character:

Mi madre es simpática	*My mother is nice*
Son unas chicas muy amables	*They are lovely girls*
El profe es muy severo	*The teacher is very strict*

It is almost always used for times, dates and numbers.

Estar is the "temporary" verb - it is used to describe a condition which is likely to change:

Paco está contento	*Paco is happy*
	(now, but tomorrow, who knows?)
La camiseta está limpia	*The T-shirt is clean*
	(now, but after Dennis has worn it?)

It is always used to describe the position or location of something or someone:

La oficina de correos está en la plaza	*The post office is (stands) in the square*
Los chicos están en la piscina	*The boys are in the pool*
Manuel y yo estamos en el polideportivo	*Manuel and I are in the sports centre*

Negatives

Negatives mean saying no or refusing something. The simplest way to form the negative in Spanish is to put **no** before the verb:

No estoy contento   *I am not happy*   No tengo dinero   *I have no money*

There are several other negative expressions:

no ... nada	*nothing*
no ... nadie	*nobody*
no ... nunca	*never*
no ... jamás	*never*
no ... ni ... ni	*neither ... nor*

The two parts of the negative form a "sandwich" around the verb:

No tengo **nada** que llevar   *I have nothing to wear*
No vi a **nadie** ayer   *I saw nobody yesterday*

They can also be used on their own before the verb:

Nunca como mantequilla   *I never eat butter*

The negative of **alguno** *(some)* is **ninguno** *(not any, none)*. It is shortened to **ningún** before a masculine singular noun.

Another important negative is **no ... tampoco** (the negative of también) *not either, neither*

VERBS

Regular verbs

There are three families or groups of verbs which form patterns for other verbs to follow. Each one is known by the last two letters of the infinitive (the part you find in the dictionary): **-ar, -er,** and **-ir.** Regular verbs follow one of these patterns. Irregular verbs do not. The most frequently used irregular verbs are in the verb table.

The largest group of regular verbs is the **-ar** group. These behave like **hablar.**

Infinitive/Imperative Infinitivo/Imperativo	Present Presente	Past Pretérito
hablar *to speak*	hablo	hablé
habla (tú)	hablas	hablaste
hable (Vd.)	habla	habló
	hablamos	hablamos
hablad (vosotros)	habláis	hablasteis
hablen (Vds.)	hablan	hablaron

The subject pronouns (**yo, tú, él, ella, Vd., nosotros/as, vosotros/as, ellos/as, Vds.**) tend only to be used for emphasis. Your clue as to the person of the verb lies in the ending - **-o, -as, -a, -amos, áis, an.**)

The second group is the **-er** group. These behave like **comer.**

Infinitive/Imperative Infinitivo/Imperativo	Present Presente	Past Pretérito
comer *to eat*	como	comí
come	comes	comiste
comed	come	comió
	comemos	comimos
coma	coméis	comisteis
coman	comen	comieron

The third group is the **-ir** group. These behave like **vivir.**

Infinitive/Imperative Infinitivo/Imperativo	Present Presente	Past Pretérito
vivir *to live*	vivo	viví
vive	vives	viviste
vivid	vive	vivió
	vivimos	vivimos
viva	vivís	vivisteis
vivan	viven	vivieron

Reflexive verbs

This group of verbs describes actions which people do to themselves, like washing and dressing. An extra pronoun is put in to show this. Otherwise, the verb is regular.

Infinitive/Imperative Infinitivo/Imperativo	Present Presente	Past Pretérito
lavarse *to get washed*	me lavo	me lavé
lávate	te lavas	te lavaste
lávaos	se lava	se lavó
	nos lavamos	nos lavamos
lávese	os laváis	os lavasteis
lávense	se lavan	se lavaron

Radical-changing verbs

This group of verbs is also known as root-changing or stem-changing verbs. This means that as well as changing the endings as normal to indicate a change of person, there is another spelling change to the stem, or main part of the verb.

There are, broadly speaking, three groups of radical-changing verbs:

1. Verbs where **o** in the infinitive becomes **ue** in the stem of the verb.
   volver   **vue**lvo

2. Verbs where **e** in the infinitive becomes **ie** in the stem of the verb.
   preferir   pref**ie**ro

3. Verbs where **e** in the infinitive becomes **i** in the stem of the verb.
   pedir   p**i**do

There is usually some help in the glossary of your text book in identifying which verbs are radical-changing. After the infinitive, the spelling change is usually given in brackets.

probar(ue)	to try
sentir(ie)	to feel
vestir(i)	to dress

(N.B. - The spelling changes **do not** affect the nosotros and vosotros parts of the verb.)

Radical-changing verbs which you will use regularly are those connected with the weather.

llover(ue)	*to rain*	nevar(ie)	*to snow*

En Suiza **nieva** mucho   *In Switzerland it snows a lot*

En Irlanda **llueve** mucho en el verano   *In Ireland it rains a lot in summer*

Irregular verbs

Infinitive/Imperative Infinitivo/Imperativo	Present Presente	Past Pretérito
andar *to walk, go* anda ande andad anden	ando andas anda andamos andáis andan	anduve anduviste anduvo anduvimos anduvisteis anduvieron
conocer *to know* conoce conoced conozca conozcan	conozco conoces conoce conocemos conocéis conocen	conocí conociste conoció conocimos conocisteis conocieron
dar *to give* da dad dé den	doy das da damos dais dan	di diste dio dimos disteis dieron
decir *to say* di decid diga digan	digo dices dice decimos decís dicen	dije dijiste dijo dijimos dijisteis dijeron
escribir *to write* escribe escribid escriba escriban	escribo escribes escribe escribimos escribis escriben	escribí escribiste escribió escribimos escribisteis escribieron
estar *to be* está estad esté estén	estoy estás está estamos estáis están	estuve estuviste estuvo estuvimos estuvisteis estuvieron
haber *to have* he habed haya hayan	he has ha hemos habéis han	hube hubiste hubo hubimos hubisteis hubieron

Infinitive/Imperative Infinitivo/Imperativo	Present Presente	Past Pretérito
hacer *to do* haz haced haga hagan	hago haces hace hacemos hacéis hacen	hice hiciste hizo hicimos hicisteis hicieron
ir *to go* ve id vaya vayan	voy vas va vamos vais van	fui fuiste fue fuimos fuisteis fueron
oír *to hear* oye oíd oiga oigan	oigo oyes oye oímos oís oyen	oí oíste oyó oímos oísteis oyeron
parecer *to appear* parece pareced parezca pareczcan	parezco pareces parece parecemos parecéis parecen	parecí pareciste pareció parecimos parecisteis parecieron
poder *to be able to* puede poded pueda puedan	puedo puedes puede podemos podéis pueden	pude pudiste pudo pudimos pudisteis pudieron
poner *to put* pon poned ponga pongan	pongo pones pone ponemos ponéis ponen	puse pusiste puso pusimos pusisteis pusieron
querer *to want* quiere quered quiera quieran	quiero quieres quiere queremos queréis quieren	quise quisiste quiso quisimos quisisteis quisieron

Infinitive/Imperative Infinitivo/Imperativo	Present Presente	Past Pretérito
saber *to know (fact)*	sé	supe
sabe	sabes	supiste
sabed	sabe	supo
	sabemos	supimos
sepa	sabéis	supisteis
sepan	saben	supieron
salir *to go out*	salgo	salí
sal	sales	saliste
salid	sale	salió
	salimos	salimos
salga	salís	salisteis
salgan	salen	salieron
ser *to be*	soy	fui
sé	eres	fuiste
sed	es	fue
	somos	fuimos
sea	sois	fuisteis
sean	son	fueron
tener *to have*	tengo	tuve
ten	tienes	tuviste
tened	tiene	tuvo
	tenemos	tuvimos
tenga	tenéis	tuvisteis
tengan	tienen	tuvieron
venir *to come*	vengo	vine
ven	vienes	viniste
venid	viene	vino
	venimos	vinimos
veng	venís	vinisteis
vengan	vienen	vinieron
ver *to see*	veo	vi
ve	ves	viste
ved	ve	vio
	vemos	vimos
vea	veis	visteis
vean	ven	vieron

NOTES

Hispanoamérica

Estados Unidos

México

Cuba

América Central

Venezuela

Colombia

Ecuador

Perú

Brasil

Bolivia

Paraguay

América del Sur

Uruguay

Argentina

Chile

España

DATE	HOMEWORK